ALBERTO LINERO

Vive y déjame vivir

Claves para
la libertad
interior

ALBERTO LINERO

Vive y déjame vivir

Claves para la libertad interior

INCLUYE
GLOSARIO
para la
libertad
de la
A a la Z

#MVM

DIANA

Diseño de cubierta:
Departamento de diseño Grupo Planeta Colombia

Fotografía del autor: © Daniel Reina

© Alberto Linero, 2020
© Editorial Planeta Colombiana S. A., 2020
   Calle 73 N.º 7-60, Bogotá, D. C.

Primera edición: marzo de 2020

ISBN 13: 978-958-42-8587-4
ISBN 10: 958-42-8587-4

Impreso por: Editora Géminis S.A.S.

ÍNDICE

A MANERA DE INTRODUCCIÓN

Sin libertad no hay felicidad

La ciudad en la que nací y crecí mira de frente a una bahía tranquila de aguas azules. Desde niño me gusta sentarme a contemplar el mar y ver esa línea que se esboza en la lejanía y que me recuerda el infinito al que estamos llamados los seres humanos. El mar Caribe ha sido siempre mi horizonte. Viéndolo, entendí que siempre hay algo más por encontrar, que no alcanzamos a contenerlo todo, que la vida se desborda cuando la tratan de atrapar en la rigidez de los miedos humanos... que solo se puede ser feliz siendo libre.

A la espalda de mi ciudad está la Sierra Nevada, la cual también me gusta contemplar. Ella me hizo saber que el verde es de todos los colores y me enseñó la diversidad infinita de la vida. Con sus distintos pisos térmicos, me enseñó la riqueza que existe en la pluralidad y que, si me muevo hacia ella con decisión, la puedo conocer y disfrutar. Contemplando la Sierra entendí el valor que hay en las diferencias que saben vivir en armonía.

Lo que soy es fruto de esas dos enseñanzas; son mi punto de partida, la base de mi visión de vida y la esencia del carácter con el que he vivido y quiero seguir viviendo. Soy eso: las ganas de alcanzar el infinito que el mar me promueve y de construir relaciones armónicas como las que la Sierra Nevada, en su bello equilibrio, sugiere.

Estoy convencido de que no podemos ser felices si no aprendemos a vivir en libertad y en armonía en medio de la diferencia. Creo que esto es fundamental para vivir en el siglo xxi, en medio del pensamiento posmoderno y las nuevas tecnologías, que día a día nos obligan a replantearnos nuestras dinámicas de vida. Eso que aprendí de niño —y que se fue reafirmando más adelante con la escuela, la lectura de libros, las discusiones con los amigos, los viajes y la superación de dificultades— es lo que quiero expresar en este libro.

Estas páginas no son solamente el fruto de horas de reflexión, lecturas e investigación. Son el resumen de mis convicciones más profundas; aquellas que me definen y con las que he tratado de asumir la vida en todo momento. Este libro es un ejercicio por comunicar una certeza existencial que tengo y que me atraviesa: *Sin libertad no hay felicidad*. Nuestra libertad no es negociable. No podemos ser esclavos de nada ni de nadie. Lo único que nos puede dar realización es lo que vivimos desde la autenticidad más profunda, desde nuestra capacidad de reflexión y autogestión. De ahí que lo que está en juego cuando hablamos de libertad sea la felicidad misma. Esa felicidad que no se asocia a posesiones o carencias, a triunfos o derrotas, sino que surge desde la libre disposición de ser y desplegar lo mejor que tenemos.

La libertad de la que hablo es entonces una libertad interior; ocurre de dentro hacia fuera. Somos libres no según las circunstancias externas —que son siempre cambiantes—, sino por la armonía que brota desde dentro con la fuerza de un caudaloso río. Si no somos libres en nuestro interior nunca podemos ser libres afuera. Cuando se es libre de adentro hacia afuera se es armonioso y se pueden construir relaciones que nos lleven a la plenitud. Ahora, esa libertad no es una conquista lograda, terminada o poseída. Es una conquista que vamos trabajando, que vamos renovando todos los días y en cada instante de la vida. Las condiciones de afuera pueden ser las mejores, pero si las de dentro no lo son, no se vivirá a plenitud.

He querido dedicar el presente libro a este tema porque creo que nunca antes estuvo más en riesgo la libertad interior que en esta época. Puede parecer un sinsentido, pues a simple vista pareciera que las dinámicas sociales y tecnológicas actuales nos hacen más libres, pero en realidad es todo lo contrario. Las redes sociales, la tecnología, las nuevas prácticas consumistas, las modas recientes, el dominio del capital, el imperio de la opinión, etcétera, nos están llevando a vivir cada vez más en función de modelos externos, de ídolos triunfadores, de la opinión de los otros, de las tendencias y las modas. Es paradójico, pero pienso que, ahora más que nunca, está en riesgo nuestra libertad interior.

Por eso creo que tenemos que identificar las herramientas para hacerle frente a esta realidad. No tenemos por qué ceder a las imposiciones que se nos quieren hacer desde afuera. No tenemos que dejar que las opiniones de otros nos afecten de tal manera que no nos permitan ser auténticos. Debemos aprender a saber cuándo escuchar y cuándo no escuchar, debemos ser lo suficientemente inteligentes para no dejarnos atrapar por ideales impositivos que —por la fuerza o persuasión— nos roban el control de nuestra vida. Debemos aprender a ser libres interiormente y a comunicarlo con tranquilidad y firmeza.

MVM O EL GRITO DE LA INDEPENDENCIA

Déjame contarte la historia detrás del #MVM. En mi niñez aprendí una expresión muy caribe que expresa muy bien y de forma muy coloquial lo que digo: "¡Me vale mondá!" (MVM). La palabra "mondá" está en los registros de palabras prohibidas porque en el Caribe se usa para denominar al órgano sexual masculino. Sin embargo, en esta expresión se refiere a algo que es poco importante e innecesario. A pesar de su connotación supuestamente vulgar —y aunque, la verdad, nunca entendí el sentido literal de la expresión, pues en el mundo patriarcal del Caribe el órgano sexual masculino es casi idolatrado—, muchas veces la pronuncié cuando quería decir que no me importaba algo. Mis dientes están aún en su sitio porque son fuertes, pero no porque mi mamá no me hubiera dado un par de tapabocas cada vez que en mi niñez dije esta frase con propiedad y desenfado. El caso es que, cuando lo hacía, sentía que mi cuerpo estallaba en libertad. Era mi manera de gritarme a mí mismo y de gritarle al mundo: "¡Yo soy más libre que esto!".

Imagino que algunas personas deben estar pensando que soy vulgar, y, la verdad, hago una confesión: sí lo soy. Pero lo soy por convicciones semánticas y semióticas: nunca entendí por qué unas palabras sí se pueden decir y otras no, nunca entendí qué hace que una palabra sea "mala" y otra no. He visto insultar con las palabras más "bellas", pero con la peor de las intenciones, y he visto usar palabras "malas" con la mejor intención del mundo, como es el caso cuando digo: "¡Me vale mondá!". No me digan que esas reglas de educación, algunas veces anacrónicas, arbitrarias y hasta injustas, son las que deciden qué palabra es "buena" y que palabra es "mala". Perdón, pero me niego a eso. Mientras no me den razones fuertes sobre la maldad de esos morfemas organizados de una manera peculiar seguiré creyendo que esta prohibición no es más que una de las manifestaciones hipócritas de una sociedad a la que no le gusta llamar las cosas por su nombre, por lo menos en público, porque en privado sí se permite.

Entonces, sin remordimientos y con la sensación de que es una frase que expresa lo libre que me siento y que quiero ser, muchas veces he dicho: "¡Me vale mondá!". Es obvio que cuando lo digo en el Caribe muchos fruncen el ceño; afortunadamente en Bogotá, ciudad en la que vivo feliz, no causa el mismo impacto —porque no conocen la expresión y todo sigue adelante—.

En alguna ocasión comenté en un tuit que quería entregarle la camiseta del Unión Magdalena al papa Francisco que por esos días nos visitaba, y yo creí que iba a estar cerca de Él, cosa que no pasó. Uno de los tuiteros me dijo "ridículo", y yo, queriendo expresarle que a mí no me importaba cómo le parecía lo que quería hacer, le respondí con el "Me vale mondá", pero en una abreviatura y en forma de etiqueta: #MVM. Claro, esto rápidamente se volvió viral y la gente empezó a identificarme con ella. Entonces aproveché para usarlo muchas veces más de ahí en adelante y con la convicción de que, para mí, su significado real es: "¡Soy libre!".

Fue a partir de #MVM que decidí escribir este libro. Quería hacer una reflexión minuciosa y profunda sobre lo que significa ser libre. Para eso leí muchos libros, tuve diálogos con amigos e hice fichas de trabajo hasta que, con la ayuda de mi equipo, armé una estructura que le presenté a mi editora. Después de varias reuniones, mi propuesta fue aceptada, y aquí estamos.

EL RECORRIDO

En las siguientes páginas expreso lo que pienso y opino sobre la libertad interior, no con el objetivo de dar respuestas o fórmulas mágicas, sino buscando propiciar preguntas y reflexiones en ti que me lees.

En un primer momento, te invito a levantar anclas, a cerrar ciclos, a no quedarte en el ayer, a asumir lo que estás viviendo y a tratar de hacerlo de la mejor manera. Hago precisiones sobre lo que significa ser un librepensador y te invito a serlo en procura de tu libertad. Más adelante, hablo de la importancia de lograr un equilibrio para asumir la vida con madurez sin dejar de gozarse cada instante. Por otro lado, hablo del "síndrome del camaleón", de las máscaras y los disfraces que nos ponemos para agradar a otros,

cuando lo que deberíamos hacer es entender que no tenemos por
qué gustarle a todo el mundo y que la felicidad no depende de las
circunstancias externas o de la presencia u opinión de otros, sino de
la capacidad que tengamos para vivir con autonomía y autenticidad.
Para terminar, expongo la estrecha relación que encuentro entre
la libertad y la espiritualidad. Una espiritualidad bien entendida,
que no sea restrictiva ni se deje intimidar por el miedo, sino que,
por el contrario, sea el resultado de nuestro pensamiento crítico y
la expresión de nuestros valores más profundos.

Este es el recorrido del libro que tienes en tus manos. **Esto es
lo que yo, este "caribe universal", te quiero proponer: que seas
libre de adentro hacia afuera.** Realmente espero que estas páginas
te generen preguntas y te den luces para que seas cada vez más libre
y, obviamente, más feliz, lo cual, creo, es la razón de ser de nuestra
vida. Embarquémonos, pues, en este diálogo íntimo. Quizá hasta
alcances a percibir mi acento caribe en las palabras que aquí escribo.

ALBERTO LINERO

@PLINERO

BOGOTÁ, 26 DE NOVIEMBRE DEL 2019

CAPÍTULO 1

La historia que no fue *versus* la historia que es

Solo puede decir "MVM" quien asume su realidad tal y como es hoy y emplea todos sus recursos para lograr la realidad que quiere vivir mañana.

Hay una enorme diferencia entre la libertad y la omnipotencia. Algunos creen que ser libres significa que a lo largo de sus días todas y cada una de las cosas que experimentan tienen que ser plenamente satisfactorias y gratificantes, por eso suelen abandonar a la primera adversidad sus compromisos, sus relaciones, sus sueños o ideales. Están convencidos de que sus deseos son órdenes para el universo. No es verdad. En la vida no siempre se cumplen nuestras expectativas y aunque muchas veces trabajamos duro por distintas aspiraciones, obtenemos resultados que no son proporcionales a todo el esfuerzo que hemos hecho. Otras veces lamentamos haber tomado una decisión que condujo nuestra vida por caminos totalmente diferentes de los que habíamos soñado y ahora recorremos. No creo que pueda haber alguien que pueda decir: "He hecho absolutamente todo lo que he querido, y exclusivamente lo que he deseado". Estoy seguro de que todos tenemos algo que hubiéramos esperado fuera de otra manera, pero eso no significa que no podamos vivir en libertad.

Claro, esto supone un alto grado de aceptación de nuestra realidad y nuestro contexto actual. Ser capaces de entender que estamos viviendo en el aquí y en el ahora con unas características muy precisas, y que la única manera de ser libres y construir el mejor de los futuros pasa por aceptar nuestra realidad actual. Somos esto y vivimos esto. Punto. Esa es la verdad que tenemos que asumir y que seguro nos catapultará a seguir dando la batalla por alcanzar las metas más altas que tenemos. **En otras palabras, la verdadera independencia, la plena libertad, no es una emancipación de lo que somos y lo que nos sucede —para ello tendríamos que vivir en otro planeta, o en este, pero sin estar nunca verdaderamente presentes—. Libertad es asumir lo que es y tomar las decisiones que nos acerquen a lo que queremos ver mañana en nuestra realidad.**

Infortunadamente lo que encuentro a diario son personas que no aceptan su presente, que se quejan o reniegan de él, que lo niegan, que lo desconocen y lo desprecian constantemente. Son personas que están más atentas a lo que pudo ser que a lo que realmente fue. Viven de las ilusiones, de lo que no pasó, sin poder construir un proyecto de vida emocionante y gratificante. Nadie puede ser feliz si no acepta su propia historia, esto es, su pasado y su presente, y mucho menos si no trabaja duro por hacer que su futuro se parezca mínimamente a lo que con mayor honestidad y grandeza ha soñado. Es decir, para poder vivir sin tontas dependencias de lo que no es importante, tenemos que tener muy claro lo que sí lo es, y darle el lugar que merece.

En el diálogo con distintas personas, en la revisión de los comentarios en las redes y en los mensajes que recibo en mi correo electrónico me encuentro con gente que vive con el síndrome de los "hubiese". Sí. Constantemente dicen "si hubiese pasado esto", "si hubiese sucedido aquello", "si hubiese tomado ese camino". Son personas que dedican mucho tiempo a lo que ya no fue, a lo que ya no sucedió. En vez de trabajar en su presente, en tratar de lograr realizar las expectativas que tienen, gastan mucho esfuerzo mental y aun físico en el pasado, el cual seguirá inconmovible e inalterable sin importar cuánta energía le dediquemos.

La vida no es lo que hubiese podido pasar, es lo que pasó y lo que podemos hacer que pase. El pasado no podemos cambiarlo, pero el futuro no está escrito y depende de las opciones y los esfuerzos que hagamos hoy. Por lo tanto tenemos que concentrarnos en el presente, aprendiendo las lecciones del ayer y dejándonos entusiasmar por las posibilidades esperanzadoras del futuro.

Se necesita mucho sentido de realidad, conciencia de la condición humana con sus límites y posibilidades, para avanzar en la construcción de los planes que se tienen a pesar de los fracasos y los desaciertos. La libertad interior supone no tener esas pesadas anclas de los "hubiese" y timonear el velero impulsados por el viento de las decisiones y con la esperanza de un nuevo buen puerto.

MÁXIMAS DE LA LIBERTAD INTERIOR

1. El futuro es hoy

Yo creo en el poder de las decisiones. Decir "sí" o "no" ante una decisión hace que aparezca un nuevo mundo delante de nosotros. Decidir es intrínseco a nuestra vida, tal vez es lo que nos hace ser humanos. El intelectual chileno Manfred Max-Neef lo dice en estos términos:

> La vida es una interminable secuencia de bifurcaciones. La decisión que tomo implica todas las decisiones que no tomé. La ruta que escojo es parte de todas las rutas que no escogí. Nuestra vida es, inevitablemente, una permanente opción entre una infinidad de posibilidades ontológicas. El hecho de que estuve en un lugar determinado, en un momento muy preciso, cuando una determinada situación aconteció o una determinada persona apareció, pudo haber tenido un efecto decisivo para el resto de mi vida.

Unos minutos más temprano o más tarde, o algunos metros más allá o más acá en cualquier dirección, bien podrían haber determinado una bifurcación distinta y, por lo tanto, una vida completamente distinta.

Estamos abocados a tomar elecciones todos los días, no podemos sustraernos a ellas ya que la existencia siempre nos exige escoger entre las posibilidades que se nos plantean, y al tomar un camino, automáticamente desaparecen todas las posibles variaciones de la historia que estaban presentes en los otros. Pero también aparecen todas las nuevas opciones que abre el sendero elegido. **El infinito está siempre delante de nosotros, ofreciéndonos la oportunidad de ser libres y plenos, recordándonos que no estamos hechos para la mediocridad y que, con nuestras decisiones, tenemos la posibilidad de hacer que todo sea distinto. Pero ese infinito es también el recordatorio de que somos apenas una minúscula partícula en la inmensidad de la existencia. Ser capaces de navegar esa paradoja es la libertad.**

Tomar conciencia de esto no solo nos hace más atentos al sentido que le damos a la vida, sino que nos recuerda que esa vida está en nuestras manos a través de las decisiones que tomamos a diario. Es la suma de las decisiones la que construye nuestra existencia, la que genera ese relato que llamamos "mi historia".

En mi caso personal, por ejemplo, la decisión de no seguir ejerciendo el ministerio presbiterial me hizo enfrentarme a mis propios valores, a mis creencias, a mis objetivos de vida y, sobre todo, a mi propia vocación. Como expuse en mi libro *Mi vida de otra manera* (Planeta, 2018), esa decisión fue el resultado de un largo proceso de discernimiento, de un enfrentarme a mí mismo y tratar de entender qué quería para mí. No fue una decisión fácil pero sí tomada con mucha paciencia, serenidad, inteligencia y compromiso.

Cuando me preguntan cómo estoy hoy y hago la revisión interior de mi situación, me alegro de haber decidido en el momento oportuno y con la claridad del caso. Si ahora estoy bien es porque esa determinación no fue fruto de un capricho, de una pelea, sino de un proceso de discernimiento sereno y firme. No ha sido fácil todo lo que he vivido —sobre todo porque soy una persona pública y parece que todo el mundo se siente con el derecho de opinar sobre lo que tengo o no tengo que hacer—, pero ha sido un camino gratificante y realizador.

Ahora más que nunca tengo claro que la felicidad depende de la calidad de nuestras decisiones. Ninguna elección tomada sin conciencia, sin compromisos, sin discernimiento, sin el tiempo necesario, puede llevarte a la realización plena como ser humano. **Es así de simple: dime cómo tomas tus decisiones hoy y te diré qué tan feliz serás mañana.**

Características de una buena decisión

En mi manera de entender la vida, una buena decisión tiene, por lo menos, estas cuatro características: a) es fruto de un buen análisis, b) es integral, c) tiene en cuenta las posibles consecuencias y d) está en armonía con el propio proyecto de vida.

Veámoslas en detalle...

a. Es fruto de un buen análisis. No se puede tomar una decisión sin un análisis concienzudo y exhaustivo de la realidad. Si las decisiones son tan importantes para la vida, no pueden ser fruto de los impulsos puramente emocionales que tenemos, sino de haber escrutado de manera serena y dedicada la realidad en la que estamos. Sin un verdadero análisis tenemos un alto margen de error. Este análisis supone consultar a personas que puedan aportar luz sobre la situación que tenemos. Así se compara lo que pensamos con otros que, consideramos, están preparados para aconsejarnos en la dimensión que nos atañe.

b. Es integral. Al tomar decisiones, debemos procurar un buen equilibrio entre lo racional y lo emocional. No podemos dejarnos empujar por emociones que no han sido revisadas con racionalidad ni podemos tomar decisiones que no nos generen armonía emocional. Entonces podemos argumentar y explicar nuestras decisiones con propiedad, porque no estamos dejando que un capricho nos impulse sino que hemos analizado todas las posibilidades.

c. Tiene en cuenta las posibles consecuencias. Cuando las consecuencias de nuestras decisiones nos sorprenden, es porque las decisiones no fueron bien tomadas. Elegir implica hacer un análisis de las posibles consecuencias que vamos a ocasionar con nuestra decisión. Si logramos considerar los posibles escenarios que se pueden generar al elegir, vamos a estar mejor preparados para lo que se desprenda de cada camino que decidamos tomar. Tal vez no todo se pueda anticipar, no hay forma de ver detalladamente el futuro, pero eso no significa que no podamos prepararnos para lo que sí podemos prever.

d. Está en armonía con el propio proyecto de vida. Las decisiones tienen que estar impulsadas por nuestros valores fundamentales. Nuestras convicciones deben ser las que nos muevan a tomar decisiones, sabiendo de qué manera lo que elegimos impacta el plan de vida que tenemos. Tomar decisiones desligadas de esto, no solo nos hará el camino más complicado, sino que nos puede hacer perder nuestro norte.

Mi propuesta para ti

En vez de quedarte en los "hubiese", revisa la calidad de las decisiones que estás tomando, pues ellas determinarán tu futuro. Si tu presente no es el que querías, es porque las opciones que elegiste ayer no fueron las adecuadas y eso lo tienes que tener claro, no para sentirte culpable sino para encontrar las lecciones que esas equivocaciones te generaron y aplicar en tu presente las enseñanzas que has aprendido del pasado.

Pregúntate:
¿Cómo estoy eligiendo? ¿Qué me impulsa a tomar mis decisiones? ¿Soy consciente de las consecuencias que implica cada opción que estoy tomado? ¿Sé a quiénes van a afectar mis decisiones? ¿Tengo todos los insumos necesarios para elegir?
Anota tus reflexiones...

_____
_____
_____
_____
_____
_____
_____
_____
_____
_____

2. Las expectativas irracionales son enemigas del triunfo

A veces los fracasos o las desilusiones que vivimos son fruto de expectativas irracionales. Y son irracionales cuando nuestros recursos (materiales o inmateriales) no alcanzan para la consecución de esos objetivos, cuando las condiciones no permiten que eso suceda o cuando son ideas fundamentadas en fantasías e ilusiones, mas no en la realidad.

Me preocupo mucho cuando leo afirmaciones motivacionales que le aseguran a la gente que no hay nada imposible, que todo lo podemos lograr, que debemos soñar con lo imposible. La verdad, me parece que este tipo de afirmaciones hacen daño, ya que sí hay realidades imposibles en nuestra vida, y no todo lo que queremos lo podemos o lo vamos lograr. En algunas ocasiones no basta el esfuerzo que realicemos, porque simplemente hay condiciones que no nos permiten alcanzar lo que deseamos.

Esta no es una invitación al pesimismo sino al realismo. La motivación tiene que estar basada en la realidad; si no, es charlatanería o estafa. Yo no te puedo hacer creer que vas a lograr lo que realmente es imposible con los recursos y las posibilidades que tienes hoy. No puedo darte certeza de que vas a lograr todo lo que quieres. Lo que sí puedo hacer es motivarte para que uses bien, con la mejor actitud y competencia, los recursos que tienes. Esto te mantendrá motivado y activo para trabajar por ese objetivo tan importante.

Aun desde el plano religioso algunas veces se les alienta a las personas a hacerse "expectativas irracionales", lo cual las lleva a fracasar estruendosamente y a generar una evaluación negativa de sus capacidades y habilidades, e incluso de su experiencia de fe. La fe no es magia ni la oración puede romper las leyes de la naturaleza. La fe nos asegura contar con la fuerza de Dios que desde dentro nos ayudará a ser eficaces en lo que estamos buscando. (Hay que tener una lectura bíblica que permita entender los géneros literarios y no convertir todo en relatos literales que pretendemos se repitan en nuestra vida diaria. Por ejemplo, la epopeya de David y Goliat está llena de muchas hipérboles que quieren destacar al héroe; si no entendemos bien su género, creemos que es cotidiano que David le gane a Goliat de esa manera).

Cuando me piden motivar equipos de fútbol, siempre les aclaro que no soy mago y que no voy a hacer que aparezcan las aptitudes que no tienen, que lo que sí puedo hacer es ayudarles a trabajar en la actitud con la que están enfrentando los partidos, para que lo hagan más atenta y concentradamente. Así es: yo puedo invitarte a luchar, a esforzarte, a dar lo mejor de ti en un proyecto, haciéndote consciente de los obstáculos que puedes encontrar, ayudándote a entender que hay posibilidades de que no logres lo que anhelas, pero que en cualquier caso aprenderás mucho y saldrás más fuerte del intento que estés realizando.

Muchos fracasos son frutos de expectativas irracionales, de los "hubiese". A veces me gustaría decirles con mi acento caribe a las personas que viven de los "hubiese": "Qué hubiese ni que ná, eso nunca podía ser, porque era imposible". Así dejarían de sufrir por lo que nunca iba a pasar y se concentrarían en hacer pasar lo que sí se quiere y sí puede suceder.

Es necesario que entendamos nuestra condición antropológica y sepamos que hay realidades que no podemos alcanzar fácilmente y que tal vez nunca alcancemos. Esto no implica abdicar de los intentos, pero sí, insisto, ser capaces de intentarlo siendo conscientes del alto grado de dificultad que cada reto contiene. Realizar sueños es muy gratificante, placentero y te impulsa a seguir alcanzando nuevos. Sin embargo, esto no puede pasar si no somos capaces de aceptar nuestra realidad y proyectarnos desde ella. Los "hubiese" solo dan infelicidad y amargura porque nos enfrentan a nuestra limitación de no poder cambiar el pasado, por eso hoy lo que tienes que hacer es revisar tu presente, tus posibilidades y comenzar a trabajar en ellas con la seguridad de que siempre puedes salir adelante.

A mí me pasa constantemente que, por el halo que me da haber sido presbítero, por hacer un programa de televisión, porque sonrío constantemente o porque soy una figura pública, la gente me concede poderes que no tengo y me pide hacer lo que no puedo hacer. Algunos se hacen expectativas sobre mí que no son reales; yo no tengo dones especiales, no puedo saber qué va a pasar mañana. Al principio me costaba decirles que no a las personas, me daba miedo decepcionarlas, desilusionarlas, pero hoy entiendo que la mejor manera de ser consciente de mí mismo y de posibilitar que los otros entiendan la realidad tal cual es, pasa por decir que no puedo hacerlo, que no tengo esa capacidad o que simplemente no es de mi interés hacerlo. Es mejor no permitir que los otros se hagan expectativas que no se van a cumplir, pues eso va a generar frustraciones o dificultades interpersonales innecesarias. Es mejor poner límites a las expectativas de las personas y no terminar hiriéndolas sin querer.

Mi propuesta para ti

Deja de desear lo que no pasó porque no podía pasar, concéntrate en lo que puedes hacer que pase. Que tus metas a futuro sean realistas, que tus objetivos sean concretos, logrables y que te emocionen. Cuando digo "logrables", digo "realistas". No importa que sea difícil construirlos, lo que interesa es que existan verdaderas posibilidades de alcanzarlos.

Escribe un objetivo que quieras alcanzar durante los próximos tres años y los recursos mentales, emocionales, físicos y materiales con los que cuentas para lograrlo. Esto te permitirá comprender qué tan lograble y realista es tu objetivo.

Mi objetivo...

_____

_____

Los recursos que tengo para alcanzarlo...

• _____

• _____

• _____

• _____

- _____
- _____
- _____
- _____

3. Tu pasado es tu mejor maestro

Lo que nos hace crecer no es quedarnos amarrados al pasado a través de los "hubiese", sino aprender las lecciones que las situaciones del ayer nos dejaron. **Las frustraciones que hemos vivido tienen que volverse maestras de vida para que seamos mejores seres humanos hoy y mañana. Esa es la función del pasado.** No solo es la base de nuestra historia presente, sino que es una fuente de aprendizaje. Es donde tenemos toda la evidencia de nuestras capacidades y limitaciones, para fortalecer las primeras y tomar conciencia de las segundas (e incluso reducirlas).

Si el pasado se convierte en un escenario de aprendizaje, si logramos que lo que pasó —no lo que "hubiera podido pasar"— sea el mejor insumo para conocernos a nosotros mismos, seguro podremos construir un presente y futuro fuerte, sólido y esperanzador. El paradigma de la explicación —ver las relaciones para encontrar causas y efectos— puede ser muy útil en esta tarea. Es bueno no justificarte, porque no se trata de un juicio de culpabilidad sino de entender qué pasó.

Mi propuesta para ti

Cuando tenemos claro lo que falló en el pasado, podemos saber si esto corresponde a actitudes permanentes nuestras o simplemente a reacciones equivocadas. Debemos tratar de entender si lo que provocó el error tiene que ver con nuestra manera de ser o si fue algo provisional. Ser conscientes de esto nos permite tomar control del proceso de aprendizaje.

Toma alguna situación que hubieras deseado que tuviera otro resultado y hazte las siguientes preguntas. Sus respuestas te ayudarán a entender qué fue lo que pasó y sacar lecciones para la vida.

Pregúntate:

¿Falló mi estrategia? ¿Reaccioné equivocadamente? ¿No conocía bien la situación? ¿Hizo falta preparación? ¿Me confié y no actué metódicamente? ¿Esperaba lograr lo que realmente era imposible? ¿Fui ciego a las señales que la realidad me estaba enviando sobre esa situación? ¿Me falto decisión? ¿Pedí la ayuda adecuada? ¿Cómo podría haber salido mejor?

A continuación, enumera las lecciones que esta experiencia te dejó. Ten presentes los errores cometidos, las causas y cómo podrías trabajar para que no vuelvan a suceder.

- _____
- _____
- _____
- _____
- _____
- _____
- _____

Interioriza estas lecciones y conviértelas en una tarea de vida, para no volver a fallar en lo mismo. Lo más triste es repetir sistemáticamente las mismas equivocaciones, ya que eso demuestra que no hemos asumido con seriedad y conciencia cada acto de la vida.

También puedes compartir tus reflexiones con las personas que son importantes en tu vida, que han demostrado que te aman y están interesadas en que te vaya bien. Relatarles lo que has aprendido te ayuda a asumir los aprendizajes de la mejor manera. Asimismo, escuchar lo que esas personas piensan al respecto te puede ayudar a perfeccionar las lecciones.

4. Los "hubiese" nublan las bondades del hoy

Soy optimista. Me niego a tener una visión catastrófica de la vida. Vivo creyendo que somos capaces de vencer las dificultades y trato de dejarme mover e inspirar por la esperanza. Me gusta dar gracias por mi presente, por mi realidad actual. Trato de encontrar el equilibrio entre todo lo bueno que tengo y las dificultades que enfrento a diario. No creo que todo sea un desastre o una tragedia. Estoy convencido de que en medio de las dificultades que a diario experimentamos por distintas razones, hay muchas experiencias gratificantes, emocionantes que nos hacen crecer y disfrutar la vida. Sin embargo, encuentro que, como consecuencia de la crítica constante y el escepticismo que nos gobierna en la actualidad, muchos se enfocan en los problemas y las dificultades y no en lo que los hace felices. Se mira con recelo a aquel que sonríe demasiado, que disfruta las pequeñas situaciones de la vida diaria y encuentra en cualquier situación, por sencilla que sea, una fuente de alegría. Y, no obstante, pienso que eso no nos ayuda a ser libres interiormente. Quien sólo ve lo negativo, lo crítico, lo complicado, lo problemático de la vida, termina atado y sin poder despegar en busca de soluciones o de mejores experiencias.

Los "hubiese" nos niegan las bondades del presente. El estar aquí y ahora es un triunfo. Podríamos no estar o encontrarnos en peor situación, lo que no es insignificante a la hora de entender el sentido de nuestra vida. Somos triunfadores, no hemos llegado hasta aquí por arte de magia sino por el gran esfuerzo que hemos hecho, por todas las cualidades y capacidades que tenemos. Es bueno que lo tengamos claro, que no perdamos de vista que todo lo bueno de la vida llegó también como consecuencia de lo que somos.

Algunas personas no sabían que antes eran felices y por eso ahora, cuando han pasado los años y la vida se ha transformado tanto, anhelan lo que antes no valoraron. No desprecies todo lo que tienes y estás viviendo hoy porque mañana lo puedes desear y querer. Hay que gozar cada una de las experiencias y tener presente qué nos aporta lo que poseemos. Sin miedo hay que vivir con atención y enfocados en el presente.

Esta no es una invitación al conformismo ni a la resignación. Se trata de equilibrar nuestros deseos de querer más, de reinventar la vida, de trabajar por nuestro futuro desde las realidades que tenemos. Sin ese equilibrio terminamos sufriendo y padeciendo sin ninguna necesidad. No podemos soñar con un futuro si no estamos disfrutando el presente y no estamos trabajando para alcanzarlo y realizarlo.

Ahora que ya estoy en los 50 años reviso lo vivido y constato que la madurez trae también algunas limitaciones físicas y otros intereses. Eso me hace consciente de todo lo valioso que tenía antes y podía hacer. No fui capaz de valorar suficientemente algunas de esas realidades, y hoy las extraño. Espero que eso no te pase a ti. Tristemente tendemos a valorar las cosas cuando ya no las tenemos, desde la nostalgia.

Mi propuesta para ti

Creo que lo más sano es hacer el inventario de todo lo bueno, valioso, extraordinario que hay en tu vida en este momento. Por eso te propongo que hagas una lista. Que sea más larga la lista real de lo que hay, que la imaginaria de los "hubiese". Examina cada una de esas realidades y déjate entusiasmar por ellas. Evita todo intento de apocar o de despreciar esas grandes experiencias y situaciones que tienes y puedes vivir. No cedas a la tentación de que el ideal te opaque lo valioso de la realidad. ¿Que podría ser mejor? ¡Claro que sí! Pero es lo que es y debes dimensionarla en su verdadero tamaño y efecto. Para algunos puede sonar a simple consuelo. Si esto te pasa, entonces también debes preguntarte: "¿Pudo ser peor?". Y la respuesta a esa pregunta también es firme e intensa: ¡Claro que sí! Y esa no es una posibilidad menor, con la cual tienes que contar y meditar constantemente.

Cosas extraordinarias que hay en mi vida hoy...

- _____
- _____
- _____
- _____
- _____
- _____
- _____
- _____
- _____

5. Con un mapa claro es más difícil perderse

Es fundamental tener claro hacia dónde vamos y dónde queremos vernos en las próximas etapas de nuestra vida. No podemos vivir por vivir, ni quedarnos en metas inmediatas, ya que eso hace que no podamos ir por unos objetivos que realmente nos realicen. Es necesario tener claro un plan de vida que nos ayude a articular todos los esfuerzos en función de la concreción de nuestras metas.

Cuando nuestro proyecto de vida es claro, podemos entender el presente, lo que nos aporta, lo que tenemos y lo que nos hace falta. Aquí los "hubiese" tienen que ceder ante la realidad, porque es esta última la que nos impulsa a seguir adelante. No le podemos tener miedo al presente, debemos dejarnos empujar por él.

Eres libre interiormente cuando vives conscientemente tu realidad. Cuando has aceptado y asumido todo lo que hay en ella. Cuando tienes claro lo que tienes que trabajar para mejorar, pero, también, cuando tienes claro todo lo bueno que hay en tu presente y lo usas para seguir adelante. Toma la decisión de romper con todos esos "hubiese" que te amargan y acepta el presente tal cual es. Idea tu mapa de vida y piensa en los pasos que puedes tomar hoy para ponerlo en marcha.

Mi propuesta para ti

Me gusta mucho usar los conceptos de visión y misión que la planeación estratégica le propone a las empresas. Todos deberíamos tener claras nuestra visión y misión por los próximos 10 años, esto es, debemos saber cómo nos queremos ver durante ese tiempo. Estas nociones deben ser claras, concretas, flexibles, realizables y emocionantes, lo cual nos debe generar una misión definida.

Te invito a que reflexiones sobre estos dos conceptos, los compartas con las personas que te aman y los incorpores a tu mapa de vida. Ellos serán tu brújula de navegación.

Mi visión de vida para los próximos diez años...

_____

_____

Mi misión de vida para los próximos diez años...

_____

_____

Escanea este código con la cámara de tu celular
y escribe allí el final más libre de la historia que
te propongo:

CAPÍTULO 2

Un librepensador es libre ¡y piensa!

Solo puede decir "MVM" quien se ha despedido de todas las imposiciones de pensamiento y ha elegido construir su propio criterio y sus posturas.

Admiro a algunas personas que tienen la libertad como actitud de vida; definitivamente creo que es la actitud necesaria para ser felices: la libertad entendida en el marco de un rumbo, de un proyecto de vida. No puede ser feliz quien no sabe por qué y para qué vive. Muchos definen a quienes viven así como "librepensadores", denominación que me agrada, siempre y cuando sea bien entendida; no hay que confundir el pensamiento libre con la anarquía. Ser un librepensador implica ser libre, sí, pero también pensar.

Cuando me hablan de librepensadores viajo en mi memoria y aterrizo en mis clases de bachillerato, y allí me encuentro con un profesor de filosofía que tuve. Él, mejor que nadie, representaba esa posición existencial e intelectual de vivir según el uso de la razón: se negaba a adherirse gratis a cualquier dogma. Se resistía a formar parte de grupos y equipos donde estuviera prohibido preguntar, cuestionar, dudar, contradecir, mostrar los errores y donde se tuviera miedo al sentido del humor, ese que permite descubrir las grandes grietas de la realidad y hasta burlarse de uno mismo. Él decía, con su actitud de filósofo caribe: "Yo, en esos grupos no quepo". Agregaba que solo creía en aquello que podía explicar coherente, lógica, ordenada y racionalmente. Se negaba a sumarse a cualquier posición de vida que quisiera imponer caminos distintos a la razón. Decía que lo más importante en la vida es aprender a preguntar, a criticar, a no dar por verdadero o válido algo sin antes hacerle un sesudo análisis. Nos invitaba a dudar hasta de lo que él enseñaba. ¡Cuánto hubiera querido tener Google en aquel momento de la vida, para poder contrastar en el buscador todo lo que él nos enseñaba!

Mi profesor se negaba a vivir sujeto a otros, es decir, a que otros pensaran y actuaran por él. Insistía en que debíamos vivir desde una libertad de pensamiento, desde una acción ética y pública que se manifestara en libertad de conciencia y expresión. Recuerdo sus ejercicios, cuyo objetivo era hacernos entender que solo valía la pena la vida que podía ser admirada por los otros al ser construida desde la autonomía y el cuidado de uno mismo, como lo explica Michel Foucault.

Esa posición de vida lo llevaba a tener un respeto total por las demás personas y sus elecciones existenciales. Era capaz de cuestionar, de criticar, pero siempre respetaba las opciones de los otros. Tenía miles de refranes para mostrar la necesidad de respetar la posición de los demás, aun si no estábamos de acuerdo con su postura.

En sus persuasivas clases aprendí lo que es la libertad y desde ahí decidí luchar por ser verdaderamente libre en cada una de mis acciones. Resolví valerme siempre de razones, de argumentos que sostuvieran la toma de uno u otro enfoque ante la vida y mi actuar cotidiano. Desde las trincheras existenciales que como primíparo de las lecturas comencé a construir, me negué a seguir el consejo de mi abuela: "Las cosas de la fe no se entienden, se creen y ya". En cambio, como resolución de vida, me propuse entender la existencia y actuar según ese raciocinio.

Para mí, un librepensador tiene las características que expongo a continuación, las cuales traigo a colación para proponerte que, a la luz de las mismas, trates de revisar cómo construyes tu libertad y, desde ahí, tus relaciones interpersonales.

CARACTERÍSTICAS DE UN LIBREPENSADOR

1. Vive sin dogmas impuestos

Los dogmas son necesarios. Son construcciones conceptuales que explican ideas, principios y valores según los cuales una persona decide definirse y moverse diariamente. Esos dogmas se expresan en lo que llamaríamos un credo, el cual algunas veces es compartido con otras personas que han llegado a él por caminos posiblemente diferentes al nuestro. Un credo es entonces fruto del ejercicio serio de pensar y de tratar de explicar inteligentemente la vida.

Una tentación muy común entre los seres humanos es asumir las verdades de otros sin haberlas entendido, validado o criticado. Como humanos nos generan seguridad las realidades que les han dado seguridad a otros, y eso nos hace adherirnos, a veces ingenuamente, a las creencias de los demás sin ningún tipo de sospechas.

En una época era la religión la que buscaba imponer sus dogmas a todos, sin dejar espacio a las dudas o a las preguntas. Lo hacía con relatos apocalípticos o con narrativas sagradas que aseguraban plenitud a todo el que las aceptaba. Era el caso de mi abuela, por ejemplo, que era perspicaz para todo en la vida menos para lo religioso; ahí olvidaba la maleta de preguntas que cargaba y simplemente asentía con la esperanza de vivir un día en el cielo.

Hoy creo que ya no es la religión, sino el espíritu de la sociedad actual —con su hiperconexión tecnológica, omnipresencia de las corporaciones, rastreabilidad digital de todos nuestros movimientos, consumismo, estilo de vida saludable, etc.— la que busca imponerse a través de sus propios dogmas, sin permitirnos ninguna posibilidad de duda, de cuestionamiento, de sospecha o negación.

Nuestra entrega a la tecnología es más fuerte que a lo religioso, porque sin la religión podíamos vivir (como ateos, como anatemas, pero podíamos vivir), pero sin la tecnología no. Hoy no hay ninguna posibilidad de ser, estar, juntarnos o divertirnos fuera de los dogmas de esta sociedad hiperconectada, ya que hacerlo nos dejaría aislados y apartados prácticamente de todo.

Acá surge una disyuntiva: muchos rechazan con dureza, y con alguna razón, las imposiciones religiosas, pero terminan aceptando sin ninguna crítica los dogmas de este sistema social y económico en el que vivimos. Los que son valientes para negarse a profesar la fe hacia los santos de la religión son ingenuos ante las imposiciones tecnológicas del sistema actual.

Todos tenemos derecho a tener nuestro propio conjunto de creencias, a tener un listado de verdades que fundamentan nuestro actuar. **Por eso creo que la libertad interior implica enfrentar los dogmas. No importa quién ni cómo los proponga. Todo dogma tiene que ser cernido por nuestra razón y nuestra libertad.** Podemos decir "no me gusta", "no lo entiendo", "no lo quiero", "no participo". Tenemos que ser capaces de exponer las razones por las que no aceptamos eso que la mayoría acepta, de no divertirnos con eso que le genera placer a gran parte de los que están a nuestro lado, de rechazar eso que parece maravilloso y es aplaudido por una gran muchedumbre. Sospechemos de las mayorías. Es posible hacerlo. Y no debemos ceder esa posibilidad bajo ninguna circunstancia.

Me niego a aceptar dogmas sin analizarlos y cuestionarlos al máximo. Quiero entenderlos y apostar por ellos. Sueño con una adhesión que sea fruto de las respuestas a los duros cuestionamientos que a diario me hago. No quiero ser quien acepta una creencia porque tiene brillo o está de moda o porque me facilita las cosas; quiero aceptarla porque la he entendido y libremente quiero vivirla. Lo digo yo, que tengo una opción de fe y me declaro católico, pero que todos los días me cuestiono y trato de encontrar nuevas respuestas. No creo en algo porque toca. Creo porque es la mejor opción que he encontrado razonablemente para vivir con sentido esta vida. Del mismo modo, frente a lo que no entiendo y me quieren imponer, me declaro libre para decir: ¡MVM!

El año pasado me vi envuelto en una polémica en las redes sociales que describe muy bien este fenómeno. El episodio fue así: en una conferencia en Valledupar expuse, desde mi comprensión de la fe como una apuesta, que la tarea diaria era ser feliz en esta vida porque no sabíamos si existía realmente la "otra" vida, la eterna. Ojo, fui enfático diciendo que yo vivía como si existiera pero que, por si las moscas, iba a ser feliz en la Tierra. Muchos creyentes no estuvieron de acuerdo y fueron enfáticos en decir que en eso —en la vida eterna— tenía que creer y no podía dudar. Fue una buena oportunidad para reafirmarme en que no quiero dogmas impuestos, en que quiero hacer de mi opción de fe una opción razonable.

Esto tiene que ser aplicado en todas las dimensiones de la vida. **Ser libre implica entender que el destino está en nuestras manos y que es algo que vamos construyendo con nuestras acciones diarias.** No nos podemos dejar imponer dogmas en el amor, ni en las relaciones laborales, ni en los espacios lúdicos. Tenemos que saber por qué nos adherimos a esas personas, a esos grupos, a esas posiciones de vida. Tenemos que tener nuestras propias razones que pueden ser aceptadas y discutidas por otros.

El verdadero ejercicio de una persona libre es tomar las decisiones basándose en lo que racionalmente comprende. No podemos dejar el sentido de la vida al ciego proceso emocional. Es necesario que nuestras emociones, tan importantes y necesarias en la vida, estén dirigidas por las razones. Todo tiene que responder al paradigma de la explicación, debo saber precisar las causas y los efectos de lo que decido hacer.

Me gusta decir que todos debiéramos estar en la posibilidad de
escribir un ensayo que respalde las decisiones que tomamos. Puede
sonar exagerado y no es que lo imagine literalmente, pero es una
idea que ejemplifica este ejercicio de libertad. Al procurar que sean
las razones las que conduzcan nuestra cotidianidad, nos hacemos
responsables de nuestras elecciones.

2. Se permite cambiar de opinión
"Pa'trás ni pa' coger impulso". Esa es una frase que oí hasta el can-
sancio cuando pequeño. Y siempre me pregunté: "¿Y si adelante
solo hay un abismo?". Un ser en libertad construye la cotidianidad
moviéndose para adelante, para atrás, para arriba, para abajo. **No
estamos esclavizados por lo que hemos dicho, por lo que hemos
creído o por las elecciones que hemos tomado. Somos libres y
siempre podemos redefinirlo todo y afincarnos en nuevas posiciones, que a veces pueden contradecir las antiguas.** Ser libre
implica esa actitud ante la vida.

El escritor Walt Whitman decía: "Pues sí, me contradigo. Y
¿qué? (Yo soy inmenso, contengo multitudes)". Es la certeza de nuestra inmensidad la que nos da la posibilidad de pensar libremente,
así sea en contra de lo que anteriormente creíamos. Esa certeza nos
da la libertad que requerimos para ser felices y aportar felicidad a
la gente que está cerca de nosotros.

Entiendo que en una sociedad que ha hecho odas a la firmeza,
a lo inmutable, a lo que permanece en el tiempo, se cuestione a
aquellos que se permiten la posibilidad de revisar lo que pensaban
antes y decir ahora que no están de acuerdo con eso. Pero eso es
ser humanos: cambiar, vivir en constante renovación, rehacerse,
reentenderse y, sobre todo, negarse a quedarse anclado en lo que por
ser exitoso, aceptado por la mayoría, se presenta como muy seguro.

La libertad interior que buscamos y que te propongo en este texto esa esa, la de no dejarte atrapar por ninguno de esos paradigmas que siempre, posiblemente con las mejores técnicas, te aprisionan y no te dejan ser en autenticidad. **Ser libre es tener la posibilidad de boicotearnos a nosotros mismos cuando nos damos cuenta de que hemos dejado de ser auténticos y que estamos viviendo para agradar a otros a costa de nuestra propia esencia.** Decir "MVM" implica entender que muchas veces no responderemos al orden establecido, ni viviremos la coherencia exigida, ni nos acomodaremos a los patrones comunes, pero seremos nosotros mismos, en nuestra expresión más auténtica.

Tener esto claro es muy necesario en la época en la que de todo deja una huella en internet. Pienso en personas a quienes les han enrostrado tuits escritos 8 años antes y que contradicen lo que manifiestan hoy. Y me gustaría responder por ellos: "Sí, he cambiado de parecer, ya no pienso como hace 8 años, porque, por cierto: no soy el mismo de hace 8 años". No podemos ser los mismos de antes. Seremos mejores o peores, pero nuestro estar en el tiempo, nuestro conocer el mundo a través de las lecturas, de los viajes, de las discusiones, de las personas que llegan, de las derrotas que tenemos, de los nuevos miedos que experimentamos nos hace cambiar. Tiene que cambiarnos.

Necesitamos rescatar esta característica de los librepensadores. Necesitamos disfrutar la aventura de perdernos mientras nos buscamos, de afirmarnos mientras negamos lo que antes creíamos que nos definía, de no tenerle miedo a estar equivocados.

El pensador Elías Canetti describe dos tipos de personas: los que pueden declararse libres interiormente y los que están anclados en el éxito que acoge y busca la mayoría:

A unos les interesa lo estable de la vida, la posición que es posible alcanzar, como esposa, director de escuela, miembro de consejo de administración, alcalde; tienen siempre la vista fija en este punto que un día se metieron en la cabeza [...] El otro tipo de personas quieren libertad, sobre todo libertad frente a lo establecido. Les interesa el cambio; el salto en el que lo que está en juego no son escalones, sino aberturas. No pueden resistir ninguna ventana y su dirección es siempre hacia fuera. Saldrían corriendo de un trono del cual, en caso de que estuvieran sentados en él, ninguno de los del primer grupo sería capaz de levantarse ni un milímetro...

Mi invitación hoy es a que seamos según el segundo tipo de persona allí descrito, que seamos capaces de buscar, aunque a veces eso signifique la inseguridad de no contar con las certezas de antes. Mi invitación hoy es a que vivamos de esa manera: siendo capaces de desafiar la tradición, la corriente dominante, las verdades impuestas y sabiendo dudar hasta de nosotros mismos.

3. Respeta a los demás y sus opiniones

La actitud de cuestionarlo todo, de preguntar por las razones, de buscar la coherencia de las proposiciones de los otros no puede traducirse en una actitud de irrespeto y de negación de la dignidad del otro. No podemos hacer del librepensamiento una dictadura que niega las libertades del otro y lo obliga a hacer lo que a nosotros nos define o nos caracteriza. El liberalismo no se puede volver un dogma que se intenta imponer a los otros. Es una propuesta, una manera de existir, una forma de estar y de relacionarnos. Pero, dentro de él, el otro siempre tiene la posibilidad de vivir de otra manera, aunque no estemos de acuerdo y se lo mostremos con respeto.

La tolerancia es entonces una característica del librepensador, quien se encuentra abierto y dispuesto a vivir en medio de las diferencias, a entender que los otros tienen derecho a levantar su voz y dar su opinión, a exponer su cosmovisión, a mostrar sus argumentos y a vivir según sus opciones de vida. **Un librepensador entiende que los contrastes nos enriquecen y las diferencias nos ayudan a crecer. Es generoso con la escucha y no se afinca en posiciones absolutistas que desconocen la capacidad crítica de sus interlocutores. Entiende que no podemos y, por tanto, no tenemos que ser iguales.**

Ahora, es claro que esta tolerancia no es infinita. No se puede tolerar la intolerancia, por ejemplo. Y en una sociedad no se puede tolerar el delito, aunque este se muestre fundamentado en algunas razones aparentemente lógicas y coherentes. El límite de la tolerancia está marcado por la ley y por la libertad de los otros. No se puede caer en la trampa de "porque soy un librepensador tengo que tolerarlo todo", no. Lo que violente los derechos fundamentales de los individuos no puede ser tolerado. Todo lo que vaya en contra de la dignidad y pisotee los derechos de los demás no es tolerable, así tenga apariencia lógica.

Ser libre es entonces un ejercicio de doble vía: por un lado, necesitamos entender que, así como no podemos aceptar la imposición de un dogma y sus consecuencias, tampoco podemos negarle al otro el derecho de elegir sus creencias. Lo digo pensando en actitudes fanáticas de algunos que se consideran librepensadores, actitudes que buscan negarle a los otros la posibilidad de tener, por ejemplo, una fe religiosa. Si alguien se declara librepensador no puede criticar la opción de fe de los otros, ni pretender impedirle creer. Es su derecho, también. A veces parecería que todo ejercicio de fe ha nacido de la ignorancia y de la irracionalidad. No por creer soy "bruto". Ni soy un delincuente porque tengo un credo religioso que me exige unas actitudes concretas en la vida diaria. Tampoco por creer tengo que ser "eliminado".

Así como alguien tiene razones para criticar y hasta descalificar la opción de fe de otros, esos otros también tienen sus razones para creer, para vivir de esta manera. No toda manifestación de fe es irracional y no por unas prácticas del pasado —algunas que yo también desprecio y critico— puede negársele a otros la posibilidad de creer. Ni yo tengo que abdicar de mi fe para poder convivir con alguien que no cree, ni el que no cree tiene que creer para convivir conmigo. Hay espacio para los dos en la sociedad moderna. Todos tenemos la posibilidad de existir libremente. La felicidad no está secuestrada por una única visión de la vida. Ser feliz no implica que pensemos y actuemos como la mayoría. No tenemos que abdicar de los valores que nos definen para ser felices.

Yo evito imponer mis creencias y sus consecuencias a los demás. Creo que es una decisión personal que se proyecta en lo público a través de mis acciones cotidianas. Cuando ejercía el ministerio presbiterial, por ejemplo, una de mis pesadillas era tenerle que hablar a los que no querían escucharme. Recuerdo que más de una vez que me invitaban —con algo de engaño— a hablarles a unos jóvenes de algún colegio y descubría que ellos no querían escucharme, dejaba de hablar magistralmente y les proponía un diálogo. Muchas veces el diálogo era muy productivo y otras veces ellos simplemente me decían que no quería dialogar conmigo, y yo los respetaba y me retiraba del salón. Es que no tenemos por qué imponernos a los demás.

Esto hoy es más peligroso porque la sociedad de las diferencias y de la multiplicidad de opiniones en las redes sociales es la misma que pretende que todos pensemos igual. Basta con que pongas en Twitter una opinión para que veas cómo al instante hay mil personas queriéndote obligar a que tengas una opinión distinta.

Todos podemos tener nuestras propias opiniones, el otro puede tener su propia opinión. Por mi lado yo puedo criticarla, pero no puedo pretender que la cambie. Evitemos caer en la soberbia de pensar que todos tienen que pensar o creer como yo, o de pensar que todos entienden y comparten la opinión que tengo sobre tal o cual tema; la verdad, a muchas personas no les interesa mi opinión y eso es válido y, sobre todo, completamente legítimo.

4. Sabe comunicar su verdad

Entiendo que la ironía es uno de los géneros más apreciados por los librepensadores para expresar sus críticas, pero hay que tener claros los límites de la dignidad del otro. Yo puedo no estar de acuerdo con alguien, puedo mostrar la debilidad e incoherencia del pensamiento del otro, puedo señalar sus consecuencias nefastas para la vida diaria, pero no puedo negarle la posibilidad de ser, de estar, de expresarse y tener derecho a su propia posición de vida.

Hoy se habla del "derecho al insulto", pero estoy convencido de que el insulto no sirve para convivir sanamente. No creo que alcancemos lo que buscamos con el insulto. Seguramente siempre puedo desacreditarte y decirte que no estoy de acuerdo contigo en nada, pero eso no significa que voy a lograr que te cuestiones y pienses de otra manera. El insulto siempre nos lleva a la defensiva y al desquite. A nadie le gusta que lo ofendan o atropellen. Por eso hay que definir qué estamos buscando. Si simplemente queremos hacer sentir mal al otro, entonces bienvenido el insulto, pero si lo que tratamos es de mostrar lo que consideramos un error e inspirarlo a que se plantee la situación de otra manera, entonces no creo que el agravio sea la mejor manera.

El verdadero librepensador es aquel que, armado de su buena capacidad racional, sabe presentar sus ideas y provocar la reflexión en los otros. Sabe seducir y provocar, pero nunca impone su verdad. Esto implica ser propositivo también. Quedarse en la discusión de las posiciones y discursos no permite la construcción de nuevas realidades. Creo que es necesario aprender a proponer. Así también se demuestra todo lo que pensamos, entendemos y sabemos de la vida.

Me gusta encontrarme con esas personas que, con buen sentido del humor, me hacen caer en cuenta del error, de la incoherencia, de lo ilógico de mi pensamiento, porque esos seres me hacen replantear lo que creo, algunas veces para reafirmarme y otras veces para buscar una nueva posición. Esto es contrario a la posición de los que son críticos por profesión, esos "genios" que destruyen toda obra presentada por otro, pero que nunca presentan la suya. Son buenos para mostrar los errores —que son verdad, están demostrados y se pueden señalar—, pero no se les conoce una obra que sea mejor que todas las que critican. Tengo la sospecha de que todo el que no ha ganado nada se mete de crítico. "Es que el éxito, hoy día, es tan fácil", dicen ellos. Pero no son exitosos, sino que viven de destruir la obra que otros hacen. El verdadero librepensador, en cambio, sabe proponer desde la diferencia. Critica, pero muestra todas las capacidades y cualidades del objeto criticado.

En Twitter me encuentro a menudo a esos pseudocríticos que nunca han producido nada, a quienes no los conocen ni en la casa y a quienes el perro los confunde con el vecino, pero que sí son buenos para decir que nada de lo publicado sirve. Algunas veces me dan ganas de decirles: "Cuando vendas más libros que ese autor que criticas, te leo; cuando vendas más discos que esa cantante que insultas, te escucho; cuando hayas impactado a más gente que ese orador que destrozas, me dejo tocar por tus palabras". Solo puede decir "MVM" quien hace un aporte valioso al mundo y a las personas que lo rodean.

CAPÍTULO 3

Entre la madurez y el carnaval

Solo puede decir "MVM" quien se da cuenta de lo que es, lo que vive y lo que pasa a su alrededor.

No creo que tener libertad signifique hacer lo que uno quiera, como sí lo creen muchas personas. No creo que signifique eso, o al menos no de manera literal e inmediata. Considero que la libertad y la independencia reales tienen mucho que ver con proyectos de vida estructurados en los que nos obligamos a hacer muchas cosas que incluso no nos "nacen" o no tenemos tantas ganas de hacer. Y lo hacemos porque queremos lograr algo superior, sublime. Creo que la libertad tiene mucho más que ver con lo permanente que con lo instantáneo, con lo significativo más que con lo superficial. Y creo que es importante saber esto porque muchos de nosotros hemos sido criados en ambientes sumamente coercitivos o estrictos donde nos sentíamos constantemente entre la espada y la pared: entre la disciplina y la responsabilidad y el "libertinaje", como lo llamaban las abuelas. Existía una amenaza latente de que vivir una vida sin orden y estructura era vivir una vida de vicio, perniciosa y condenada al fracaso.

Tal vez por esa razón, muchas personas que en algún momento decidieron renunciar o apartarse intencionalmente de los modelos de autoridad se arrojaron al extremo de seguir sus instintos, consentir sus caprichos, convertir sus emociones primarias en dogma y validar los deseos, grandes o pequeños, como el único criterio para hacer y decidir. Para dar un ejemplo simple de esto, recordemos cuando en los colegios masculinos obligaban a los estudiantes a tener el pelo corto, imponiendo estrictas normas al respecto, y apenas se graduaban todos se dejaban crecer el pelo como señal de emancipación.

El problema es que vivir siguiendo únicamente los instintos es altamente desgastante y reduce las posibilidades de asumir las consecuencias de las acciones tomadas sin premeditación. Esto resulta en que, a la vuelta de un tiempo, estas personas terminan pasando más tiempo resolviendo los problemas en los que se han metido, que viviendo nuevas aventuras y deseos cumplidos.

La libertad no puede ser condenar el futuro a lo que resulta de un presente frenético y desordenado. Por el contrario, es elegir conscientemente nuestras prioridades y dedicar a ellas tiempo, esfuerzo, recursos, talento, sabiendo que esto nos va a reportar altas dosis de realización personal y va a mejorar nuestras relaciones interpersonales. Ser libres entonces es tomarnos la vida como un proyecto real, en el que hacemos lo que genuinamente se nos antoja, estableciendo como prioridad aquellas cosas que nos hacen felices.

Valdría aquí hacer una breve distinción entre felicidad y euforia, o felicidad y éxtasis. Sin duda creo que la felicidad implica también la posibilidad humana del placer, de lo estéticamente agradable, de lo que nos resulta satisfactorio, pero considero que va mucho más allá. Recordemos cuando éramos adolescentes y queríamos que todos los momentos fueran inolvidables, excitantes y asombrosos. Nos preocupábamos cuando algo se iba tornando ligeramente pasivo o tranquilo. Cuando teníamos 14, 16, 19 años, queríamos que cada fiesta fuera la mejor, que cada fin de semana fuera un total éxtasis —algunos literalmente, usando sustancias psicotrópicas para lograrlo— y nos decepcionábamos si esos momentos no eran la cima de las emociones. Algunos se quedan con ese sistema de recompensa emocional grabado en el cuerpo: solo soportan la semana porque saben que el fin de semana pueden desfogarse o soportan el año de trabajo porque saben que luego vendrán las vacaciones. Pero la felicidad no es ese éxtasis instantáneo y efímero. Si bien este es necesario en los momentos de victoria, de enamoramiento, de celebración, es imposible mantenerlo en el tiempo. **La felicidad es más bien una especie de satisfacción personal, interna y mesurada, que proviene de sentir que estamos aprovechando cada segundo de nuestra vida y cada célula de nuestro cuerpo para hacer de nuestra existencia algo extraordinario.** Esa es la felicidad que considero inevitablemente ligada a la libertad.

A veces se nos viene encima cierta nostalgia de las épocas en las que no teníamos responsabilidades. Muchos de los motivadores que conozco apelan al "niño interior" desde un anhelo por volver a esos momentos cuando nada tenía consecuencias, cuando las mayores preocupaciones de la vida duraban cinco minutos. Sin embargo, siendo romántica esa idea de la niñez, no considero que sea deseable regresar a ella, especialmente cuando ya hemos aprendido a hacernos cargo de nosotros mismos, o estamos en camino de estarlo.

Hay muchos episodios y sensaciones de la niñez que recuerdo con cariño y que no dejan de provocarme cierta nostalgia, aun cuando hayan pasado ya varias décadas. Sin embargo, ese no era un momento en el que yo pudiera decidir por mí mismo. Eran mis padres los que decidían por mí, pensaban por mí, incluso respondían por mí cuando alguien me hacía una pregunta. Ese cariño convertido en total nublamiento del otro es necesario y muy provechoso cuando estamos pequeños y no sabemos muchas cosas, cuando apenas estamos descubriendo quién somos y queremos ser. Pero ya ahora, cuando conozco la sensación de elegir, de ir a donde quiero y regresar cuando quiero, cuando el tiempo que tengo lo uso en lo que yo mismo he decidido usarlo, no volvería de ninguna manera a un estado de vida en el que mi voluntad sea reemplazada por la de alguien más. Entender esto es madurar y es ser libre, pues, como ya he dicho, considero la libertad como autodeterminación. Las opciones de vida tienen que ser personales, tienen que ser profundamente pensadas, tienen que considerar a los otros por su importancia, por su relevancia en nuestra vida. Y, como decisiones fundamentales, no pueden estar atadas a nada externo a nosotros.

Así, la felicidad tanto como la libertad pasan por la madurez, que entiendo principalmente como la capacidad de hacerse cargo de uno mismo en la mayor medida posible, y no convertirse de ningún modo en una carga para los demás. Está claro que nos necesitamos los unos a los otros, que a veces requerimos una mano que ayude o una fuerza que nos apoye en determinados momentos, pero el ser humano también es un ser que tiene capacidad de elegir, de decidir y construir aquello por lo que ha optado. De allí que estemos dotados de una capacidad asombrosa para determinar qué nos conviene y qué no. Y es que, si no fuera así, estaríamos perdidos. Es altamente costoso en términos existenciales no tener principios, máximas, ideas. Esa es la fuerza que jalona nuestra vida hacia nuestras elecciones.

LA LIBERTAD ES EL MÁXIMO PATRÓN MORAL

Cuando hablo de moral no estoy hablando de una postura sino de una facultad. No entiendo la moral como una determinada forma de juzgar las acciones mías o de los otros, sino esencialmente como la posibilidad de construir y aplicar criterios de vida que me resulten útiles y que pueda poner en diálogo con los otros seres humanos para poder entendernos, relacionarnos y querernos. No entiendo la vida sin principios, es más, creo que todos los tenemos, solo que para algunos seres humanos es muy fácil cambiarlos según mejor convenga, con lo que queda claro que su único principio es obtener el mayor provecho del menor esfuerzo.

Entiendo los principios como afirmaciones esenciales, formulaciones fundamentales que le dan piso a la vida, expresan nuestras convicciones y se convierten en máximas que nos ayudan a llevar la vida de cierta manera. Uno de mis principios, por ejemplo, es luchar contra mi propio egoísmo. Esto viene del cristianismo, de mi manera de entender quién es Dios y qué quiere de nosotros. Hay una convicción en mí que he construido a lo largo de mi vida, la cual me indica que el egoísmo no es rentable emocional ni existencialmente, que no hay auténtica felicidad cuando el centro de la vida soy yo y me convierto en mi único referente. No creo que el egoísmo sea el camino, no lo quiero creer y definitivamente no quiero vivir así. Esto implica una lucha, pues en muchos momentos se me van a antojar cosas que van en contra de ese principio, pero mi convicción es que puedo ir más allá de esos antojos y hacer lo que realmente quiero: vivir desde mis convicciones y no desde mis impulsos. Eso es lo que me hace libre.

Los principios no son verdades absolutas, porque las convicciones humanas son fruto de una elección basada en datos, formación, caminos vividos e interpretados. En algún momento pueden haber sido datos confusos, formaciones incompletas, vivencias e interpretaciones no del todo claras. Lo que determina nuestra acción libre es, por un lado, elegir principios que no sean apuestas ciegas ni imposiciones dogmáticas venidas de fuera. Por el otro, es entender que tampoco son verdades absolutas e inamovibles, sino que pueden revisarse exhaustivamente y modificarse en algún punto, no por conveniencia, sino como consecuencia de un verdadero aprendizaje que me exige ir más allá de mí mismo.

Esa moral que vamos construyendo tiene como propósito que seamos personas realmente libres y auténticas. Es decir, que podamos tener claros los principios, las convicciones, las opciones de vida, y que nos dejemos determinar por ellas, que no vivamos en pelea constante con lo que dijimos que íbamos a vivir. Conozco muchas personas que viven en el permanente desgaste de la incoherencia, en ese "hago lo que no quiero y lo que quiero hacer no lo hago". Esto nos ocurre ocasionalmente a todos los seres humanos, pero hay quienes convierten esa incoherencia en su gran especialización. Son personas que no se dejan determinar por sus propias convicciones, se vuelven esclavos de las emociones o los caprichos y dejan a un lado sus propósitos de vida, por lo que terminan teniendo muchos momentos intensos, seguidos de toneladas de remordimiento y una necesidad de escapar de las consecuencias de sus actos. **Lo "moral" técnicamente no es vivir bajo un determinado sistema de valores, sino ser capaz de ser coherente con las propias convicciones.**

La legalidad y la ética tienen que ser, de alguna manera, ciertos diques que contengan los valores fundamentales de todos. El psicólogo Howard Gardner diferencia entre la "moral vecinal" y la "ética de funciones". Para él, toda moral tiene que ver con los que estamos cerca, con los próximos, y la ética tiene que ver con lo funcional, con los papeles que desempeñamos en la sociedad. Es una postura bastante pragmática pero interesante, porque no puede haber moral en un absoluto individualismo. Ese balance entre ser capaz de autodeterminarse sin dejar de cuidar y respetar a esos otros con los que coexistimos es un signo inequívoco de libertad.

Un componente final de esa moral personal es asumir lo que implican nuestros principios. A veces la libertad implica soportar ciertas situaciones incómodas. Mis principios pueden no estar en plena consonancia con los de mi alrededor, incluso con los de la sociedad —la famosa "objeción de conciencia" considera que algunas opciones de vida puedan no verse reflejadas en aquello que es legal—. Sostener los principios personales puede ser costoso y difícil en algunos momentos, puede traer consecuencias desagradables. Pero es importante entender que eso no riñe con la felicidad. Asumir lo que conllevan mis principios y mi propia moral trae más satisfacción existencial que andar acomodándose a lo fácil una y otra vez según dónde y con quién se esté. Más adelante hablaremos de eso.

DECIR "MVM" NO ES LO MISMO QUE DECIR "HAGO LO QUE ME DA LA GANA"

Lo que esconden muchas de las declaraciones de independencia que hacen algunas personas frente a sus padres, sus exparejas, sus antiguos jefes o trabajos, es en realidad una terrible demostración de indeterminismo. Me refiero a una especie de autoanarquía que deriva en la incapacidad de decidir y en el sometimiento de la vida al vaivén de lo que va pasando. Ser libre no es improvisar sino saber por qué hacemos lo que hacemos, incluso tener razones claras de por qué decidimos asumir las consecuencias que vengan de lo que hacemos y lo que elegimos. Bajo este concepto no vale decir "lo hago porque se me antoja y que pase lo que tenga que pasar". Esa no es la libertad que entiendo como tal ni la autenticidad que propongo. Todo presente decidido implica un futuro por asumir. Por eso, solo se puede decir "MVM" desde un ejercicio libre y sincero, como expresión genuina de lo que somos.

Las ganas siempre están empujadas por algo y tenemos una enorme tarea en aclarar si nuestras ganas están empujadas por lo externo, por la presión social, por la publicidad, por los condicionamientos de nuestro entorno, incluso por debilidades que no hemos podido identificar y que terminan sometiéndonos a dependencias muy preocupantes. Aquel que es indeterminado muy probablemente es esclavo de cosas de las que no es consciente. Y lamentablemente las consecuencias de sus elecciones suelen asumirlas los que tiene cerca. Durante mi vida pastoral escuché cientos de veces a padres que se quejaban del comportamiento de sus hijos, mientras buscaban remediarles todos los líos en los que esos hijos se metían. Oía a mujeres que se quejaban del comportamiento de sus esposos, mientras soportaban el tipo de relación que hacía posible ese comportamiento. Jefes que esperaban un mejor desempeño de sus equipos, pero tenían estilos de liderazgo que hacían difícil otro tipo de actitud por parte de los colaboradores. Es claro que los principales responsables de un comportamiento son sus autores, eso no se discute, pero quienes les permiten o les patrocinan esos comportamientos, y luego se hacen cargo de las consecuencias, no pueden esperar que esos individuos cambien, pues no lo harán.

EL EQUILIBRIO ENTRE EL CONTROL Y LA ESPONTANEIDAD

El filósofo Gianni Vattimo hace una lúcida comparación entre dos representaciones clásicas de la moral: "lo apolíneo" y "lo dionisiaco". El ser apolíneo es puramente estructurado, disciplinado, estricto, rígido; mesura todo cuanto quiere hacer. El ser dionisiaco, en cambio, es pura pasión, instinto, condescendencia con el deseo. El primero termina viviendo una vida predecible y aburrida, y el segundo, apasionada pero desastrosa. La vida apolínea se ve perfecta, pero es nula en pasión y emoción. Ninguna de las dos cosas es deseable y ninguna de las dos cosas puede sostenerse de manera permanente y absoluta. Lo que propongo es tomar lo mejor de cada lado y construir desde allí un buen balance para que la vida no deje de tener sabiduría y emoción. No hablo exactamente de una "tercera vía", ni de complacer un poco a cada lado, al ángel y al demonio, no. Hablo de construir un equilibrio en el que se tomen los mejores elementos de lo apolíneo y lo dionisiaco para que la existencia se enriquezca.

Siempre estaremos sujetos a enfrentar cierta adversidad, con frecuencia estaremos cercados por obstáculos, la tristeza no va a dejar de venir a visitarnos. Por eso la vida no puede ser un escape de la dificultad o un camino de evasión, pero tampoco puede ser una vía de minuciosa previsión. Ninguna opción cumple el propósito. Suele pasar que nos encontramos de frente con las consecuencias de nuestros actos en el preciso camino que elegimos para evitarlas, y también sucede que todos los esfuerzos que podamos hacer para nunca estar en problemas nos traen otros problemas para quienes no estábamos preparados.

Las cosas que elegimos nos deben hacer real, genuina, auténticamente felices. Si así es, con seguridad nos hará también felices pagar el precio de esas elecciones. Si no soy feliz de hacer lo que estoy haciendo, si no me genera cierto grado de placer presente o futuro, es preciso hacer modificaciones sustanciales. No podemos dejar que la balanza se incline totalmente hacia la búsqueda desesperada de placer y goce, ni hacia la obsesión por controlarlo todo y tenerlo todo planeado y definido anticipadamente. La invitación es a ser capaces de vivir lo que queremos vivir, con autenticidad y libertad, disfrutando pero sin dejarnos arrastrar por el frenesí de la vida dionisiaca.

EL CARNAVAL Y SU MAGIA INESPERADA

El carnaval de Ciénaga es más antiguo que el de Barranquilla, y mucho antes de vivir el carnaval de "Curramba", esa ciudad que siento como mía y que me ha dado tanto, siendo un niño viví los carnavales de Ciénaga. Recuerdo claramente estar un día sentado en la terraza en la calle 30 con 13 por allá en el año 76 o 77, cuando de pronto irrumpió un hombre con disfraz en la casa. Un grupo de comparsa entró a hacer su parodia. Entonces todos los que estábamos en la casa nos dejamos envolver por la historia y terminamos burlándonos de todo. Así era y así sigue siendo: durante los días de carnaval la gente se permite vivir una pausa en la rutina y reírse de la vida.

Cuando sales a la calle en los días de carnaval tienes que estar dispuesto a que pase cualquier cosa y tienes que salir con la actitud de que no te va a perturbar ni te va a poner de mal genio que alguien te "mame gallo" o se quiera volver tu amigo instantáneamente. La disposición a aceptar lo inesperado y disfrutarlo es la única actitud posible para disfrutar una fiesta de ese estilo, y creo que todos necesitamos una actitud de carnaval en algunos aspectos y momentos de la vida. No hablo de excesos, ni de romper reglas legales o éticas, sino de darnos esa posibilidad de admitir lo impredecible, lo inesperado y gozárnoslo. De permitir que las cosas no sucedan según lo planeado o que los demás no se comporten según nuestras expectativas.

Aceptación: esa es la consigna del carnaval. Eso significa estar abiertos, vivir atentos a lo que viene, acoger, aceptar, reconocer que más allá de nuestros esquemas y estructuras también hay sorpresas buenas y que las bendiciones muchas veces llegan de modo inesperado. Algunos incluso intentan atrapar a Dios dentro de sus esquemas, y no pueden concebir la posibilidad de que actúe más allá de lo que se imaginan, o lo que sus cánones les dictan. Pero la belleza de la vida suele suceder más allá de lo que conocemos y de lo que controlamos, por eso es tan importante cierta actitud de carnaval, que nos ayude a encontrar sentido y satisfacción en lo que no conocemos. Lo que irrumpe nos trae lecciones, porque nos demuestra que no lo sabemos todo, que no lo hemos vivido todo, que no lo hemos visto todo.

Si le hacemos caso a Celia Cruz, "la vida es un carnaval", y si le hacemos caso a los Cadillacs, puede ser un "carnaval toda la vida".

Entre la madurez y el carnaval, entre la disciplina y la creatividad, entre la responsabilidad y la espontaneidad para tomar caminos que no conocemos, queda la tarea de construir una vía intermedia que permita el balance, el equilibrio. Un camino que nos exponga a ciertas dosis de alegría desbordante sin poner en riesgo las cosas importantes del proyecto de vida. Es como aquel viejo cuento árabe que recupera Rosa Montero: un mendigo recibe de un hombre un par de monedas. Al cabo de un tiempo se encuentran de nuevo y el hombre pregunta al mendigo qué ha hecho con las monedas. El mendigo responde: "Con una moneda compré un pan para poder vivir y con la otra una rosa para querer vivir". Tal vez la madurez sea el pan y el carnaval sea la rosa. Ese equilibrio es la propuesta.

PARA SER LIBRE HAY QUE ESTAR DESPIERTO

La conciencia encendida es un requisito para ser verdaderamente libres y la única posibilidad que tenemos para ser genuinamente felices. En la atención a los detalles, en el aprender a estar presentes en el aquí y el ahora, reside buena parte de nuestra capacidad de hacer las cosas bien, tal como las hemos planeado y sin traicionar los principios que hemos elegido para vivir. Dicho de otra manera, el equilibrio del que hablé en apartados anteriores de este capítulo es imposible cuando vivimos dormidos, anestesiados.

Aunque por momentos pueda parecer desgastante estar siempre atentos a lo que somos, a lo que vamos pensando o sintiendo, y también a lo que pasa a nuestro alrededor —quién nos acompaña, cómo le hacemos sentir, qué provocamos—, es necesario para construir nuestra realidad. Es como conducir un carro: si te abstraes en algún pensamiento en lugar de estar atento a la carretera, cuando te das cuenta te has pasado de la salida o, peor aún, has ocasionado algún accidente. Conducir es un ejercicio que requiere de toneladas de atención, debes estar enfocado en la ruta, en tus movimientos, en los detalles. Lo mismo pasa en la vida.

Hay muchas personas que andan como sin darse cuenta: caminan, respiran, cumplen horarios, pero no prestan atención a lo que están viviendo. Cuando se dan cuenta, se les ha pasado el tiempo, semanas, meses, años, sin que nada significativo les suceda, porque no se han propuesto hacer nada significativo. Es entonces cuando las cosas empiezan a perder sentido y sabor, cuando la vida se vuelve insípida.

Ir por la vida en piloto automático nos impide darnos cuenta de todas las cosas grandiosas que pasan a nuestro alrededor y por las que podríamos sentirnos agradecidos y contentos. Vivir la vida como seres anestesiados nos aparta de la posibilidad de realmente conectarnos con los otros, de sentirles. Qué terrible conocer esas personas inamovibles e inmutables que pase lo que pase a su alrededor se mantienen quietas, pasmadas, ecuánimes. Qué angustiante debe ser pasar un momento difícil de la vida teniendo que apoyarse en alguien que no se inmuta con nuestras dificultades. No digo que necesitemos alguien que se ponga en una crisis peor que la nuestra cuando nos escuche, pero sí alguien que sienta hondo el impacto de nuestra historia, y ese impacto le importe y le movilice.

Dios está presente en donde menos lo esperamos. Por eso me impresiona que podamos vivir sin notar los milagros que suceden a nuestro alrededor todo el tiempo. Hay cosas que perfectamente podrían ser de otra manera —o de muchas trágicas maneras—, pero que, sin embargo, funcionan y su funcionar nos hace bien. Realidades que alegran la vida, que le dan un toque de pasión, de emoción, que podríamos detenernos a disfrutar y se convertirían en una inyección de fuerza directa al alma: el talento de los otros, la generosidad de algunos, la belleza, la grandeza de las cosas simples, la perfección de lo natural, todo lo que nos rodea que con solo mirarlo se puede convertir en fiesta.

La madurez requiere atención a todo lo importante de nuestra vida, no perder de vista nuestros objetivos, principios y convicciones. Esto garantiza que más tarde no nos veamos envueltos en situaciones indeseables por andar distraídos de la vida y de todo lo que en realidad nos importa. Así, el carnaval también requiere aprender a gozar con los cinco sentidos. Hacer de la vida un carnaval parte por tener los ojos y los oídos abiertos, la mirada atenta, la escucha activa, el tacto dispuesto a recibir lo que pasa a nuestro alrededor. Estamos rodeados de gente maravillosa, pero, muchas veces, ni ellos lo saben ni nosotros lo notamos. Si lo hiciéramos, cada encuentro sería como una de esas comparsas que entraban en mi niñez a la casa de mi bisabuela, llenando el aire de una alegría que todavía hoy no se apaga.

En esta nueva etapa de mi vida me he visto gratamente sorprendido por muchas cosas que no alcanzaba a percibir desde mi función como presbítero. Quizá porque algunas personas no se atrevían a ser realmente ellas mismas delante de mí, debido al halo de solemnidad que algunos le añaden al ministerio, o quizá simplemente porque mi atención estaba enfocada en otras cosas. Ahora que mi tiempo está más repartido en actividades que comparto con personas que poco o nada tienen que ver con el mundo religioso, he podido percibir una enorme riqueza en su manera de establecer relaciones, de comprometerse con proyectos e iniciativas, en su forma de salir adelante en la vida con principios que, incluso, no se parecen a los míos y que, sin embargo, puedo admirar y valorar. Eso es emocionante, y me lo perdería si no estuviera atento a todo este nuevo escenario en el que ahora me desenvuelvo. Insisto, la conciencia encendida es esencial si queremos ser libres, si queremos ser felices.

Equilibrio no es pasividad, ni mucho menos distancia preventiva frente a lo que sucede a nuestro alrededor. La vida tiene que importarnos, y mucho. La realidad tiene que afectarnos para que podamos aceptarla y cambiarla todas las veces que sea necesario. La felicidad es una conquista que tiene mucho que ver con lo que somos capaces de hacer con el mundo que nos fue dado. Si bien necesitamos adaptarnos a muchas cosas que no podremos cambiar, es imprescindible tener la fuerza para transformar todo lo que sí podemos. Una conciencia despierta es la clave para ir ganando fuerza, para nunca perder el contacto con la realidad y poder disfrutar también de lo inesperado.

Escanea este código con la cámara de tu celular y disfruta de la *playlist* que he preparado para ti:

CAPÍTULO 4

No todo es asunto de vida o muerte

Solo puede decir "MVM" quien aprende a quitarle drama a las cosas y no se enreda en asuntos pasajeros.

Sufrimos mucho cuando creemos que nos jugamos la vida con cada decisión que tomamos, cuando creemos que no alcanzar una u otra cosa nos condena a ser infelices para siempre, cuando creemos que no podremos salir adelante después de ciertas situaciones. Sin embargo, algunos de nuestros sufrimientos no son más que síntomas de fatalismo a la hora de mirar el futuro y una exageración en la evaluación que hacemos del pasado.

El valor que uno u otro acontecimiento tiene para las personas que lo protagonizan o para la sociedad es difícil de calcular en el mundo digital. Creo que esto se debe en gran parte a las redes sociales. Allí todos tenemos la posibilidad de expresar nuestra opinión y manifestarla con el tono y las palabras que queramos; las fronteras entre lo privado y lo público desaparecen, nos conectamos con todo el mundo, pero no tenemos encuentros profundos e intensos presencialmente con los demás. Todo parece estar enjuiciado por la estética: me gusta, no me gusta. Se niega así la profundidad del conocimiento. La emocionalidad parece dictar la gravedad y la importancia de lo que nos sucede a nosotros o les sucede a los demás.

Las dinámicas sociales contemporáneas han logrado que no se tenga claro qué es lo esencial y qué lo accidental —lo contingente, usando las categorías aristotélicas—. Cuesta distinguir en el mundo de hoy qué es lo que vale plata y qué es lo que vale la vida (mi abuela decía que si algo sólo valía dinero, en realidad era poco importante para la vida). Hoy no sabemos realmente qué es qué. Todo parece estar revuelto y tener el mismo valor, la misma proporción, el mismo significado, el mismo peso existencial. No me extraña que esta situación sea el caldo de cultivo para que aparezcan todo tipo de fanatismos: religiosos, políticos, culturales, raciales, etcétera, pues, al no tener claro que no todo es de vida o muerte, es normal que la gente busque hacer parte de algo y llevar la bandera de ese algo incluso a niveles insanos.

Por eso hoy más que nunca se hace necesario que sepamos darle a cada situación la dimensión que merece. Ser libre implica ser capaz de decidir qué es importante y qué no, qué es fundamental y qué es circunstancial. No todo tiene la misma importancia. No tenemos que llorar por todo, ni toda pérdida debe ser causa de una tristeza mayúscula. Es decir, no podemos dejar que en cada situación que tengamos se juegue el sentido de la vida o la vida misma. No podemos caer en la trampa de creer que todo lo que sucede tiene el mismo valor, pesa lo mismo en nuestra existencia y expresa el mismo significado. Si así fuera, entonces la vida sería una montaña rusa que no va para ninguna parte.

Para lograr esto, tenemos que tener claros nuestros valores fundamentales, nuestros "no negociables". Estos son instrumentos de medida sobre la dimensión y la importancia de lo que nos sucede a diario. Las opciones fundamentales son aquellas que nos definen, es decir, las que nos garantizan una dirección y una constancia en el diario decidir y actuar. Ellas se expresan y se concretan en unos no negociables: lo que no podemos permitir porque va en contra de nuestra esencia. Las opciones fundamentales tienen que ver con el sentido (valor, significado y dirección) que queremos darle a nuestra vida y precisamente por eso no pueden ser fruto de circunstancias cambiante. Han de ser el resultado de ideas fuertes que emergen de nuestro interior y se conceptualizan en valores que son elegidos como constantes en nuestro proyecto de vida.

Para saber si algo merece de nosotros nuestra atención y respuesta, hay que mirar qué tanto pone en riesgo nuestras opciones fundamentales. Si estas no están comprometidas, ese algo puede ser evaluado con menos intensidad y preocupación. Si, en cambio, compromete nuestra esencia, tenemos que dar la batalla con todo el compromiso posible, aunque con mesura y tranquilidad.

Te doy un ejemplo de mi vida personal para que me entiendas mejor: después de dejar la Iglesia y de publicar *Mi vida de otra manera,* recibí muchas críticas. Muchas personas me decían que me había traicionado a mí mismo, que mi decisión no era coherente con mi vocación. Aunque su opinión me parecía dura, yo sabía que mi decisión de dejar el Ministerio no comprometía mi esencia, pues mi opción de vida no era ejercer el presbiterado, sino servir y trabajar en función de los demás. Y eso era lo que planeaba hacer —y lo que he hecho todo este tiempo—, aunque ya no esté frente a un altar o subido a un púlpito. Lo que era innegociable para mí era la orientación hacia el servicio a los demás, no tal o cual manera concreta de hacerlo.

Entonces, ¿cómo establecemos nuestras opciones fundamentales? ¿Cómo determinamos que las pone en riesgo y qué no? A continuación, te propongo ideas y reflexiones que te ayudarán a dilucidar qué es pasajero y qué no.

TÚ ERES QUIEN DECIDE

Aunque parezca extraño, el derecho humano que actualmente más en peligro está es la libertad. ¿Quién puede sentirse libre en una sociedad en la que, gracias a internet, todos saben todo sobre cada uno de nosotros? ¿Quién puede sentirse libre en una sociedad en la que nadie puede abstraerse de la realidad y ser verdaderamente un anónimo? ¿Quién puede sentirse libre en una sociedad en la que los mensajes publicitarios ingresan hasta nuestra privacidad atacando los flancos más débiles psicológicamente? A pesar de la ilusión de libertad, en realidad día a día nuestras elecciones están más condicionadas por los algoritmos. La tecnología usurpa nuestra capacidad de decidir. Nos seduce, nos impone, nos obliga y no nos deja decidir. Sin embargo, somos nosotros quienes tenemos que lidiar con las consecuencias de nuestras decisiones.

Nuestra agenda no la ponemos nosotros mismos. Nuestra pirámide axiológica parece dictada desde la tecnología por los intereses económicos imperantes. No me extraña que hoy contestar el WhatsApp sea más importante que hablar con la pareja cara a cara, ni que obtener una mala opinión a través de las redes —de alguien que incluso no conocemos— sea motivo para que nos deprimamos y no queramos seguir con la vida.

Por eso, si queremos realmente vivir con libertad interior, lo primero que debemos recuperar es la dirección de nuestra vida. Nuestro proyecto de vida debe estar dirigido por nosotros mismos. Nadie, por importante que sea, puede dirigir nuestra existencia. Debemos ser los que decidimos qué queremos hacer, hacia dónde queremos ir y cómo lo vamos a hacer. Es el momento de asumir quiénes somos en realidad, sin autojustificaciones, sin excusas o maquillajes del alma. Debemos elegir, con toda conciencia, los caminos a seguir ante las bifurcaciones que la vida a diario nos propone. En este caso la libertad nos exige actos de realismo, en el que no volteamos la mirada ante lo que descubrimos que somos, sino que nos asumimos y actuamos desde lo que somos.

La decisión de vivir autónomamente, con la autodeterminación que esto exige y su respectiva dosis de responsabilidad, es la única que nos puede hacer felices, nos puede llevar a sentirnos plenos y dejar en el mundo la huella personal que nadie más podría dejar. La felicidad está íntimamente conectada con la libertad, pues la felicidad es la expresión sublime de lo genuino en cada quien, así que quien no puede ser auténtico, difícilmente puede ser feliz.

Ser libre implica tener momentos para ejercer la posibilidad de elegir. No se puede vivir en automático y terminar empujado por las situaciones mismas, por las opiniones de los otros o por la libertad de los que están cerca. Tiene que haber momentos para entender qué estamos haciendo y cómo lo estamos haciendo. Separarse de las situaciones y tomar conciencia de lo que somos es fundamental para no darle a todas las realidades el mismo valor.

Debemos ser capaces de liberarnos de la publicidad, de las manipulaciones de la gente que queremos, sin dejar de quererla. Debemos ser capaces de liberarnos de las constantes invasiones de quienes se alzan como críticos de nuestros proyectos. Liberarnos de eso implica expresarles, con respeto y firmeza: "Lo que dices o haces no es determinante para mí", "Decido que eso no me afecte o no determine mi estado de ánimo", "Lo lamento, te amo pero no voy a ser un esclavo de tus ocurrencias, ni voy a dejar que mi estado emocional dependa del columpio de tus aseveraciones sobre lo que soy y hago". Para hacerlo, todos los días hay que determinar con qué actitud queremos vivir, cómo queremos enfrentar cada momento que llega y cómo vamos a hacerlo.

Me emociona cuando encuentro dinosaurios humanos —así los llama mi sobrino Pedro Esteban— que optan por no tener un teléfono "inteligente". Sé que muchos pueden pensar que están locos o que van a quedar desconectados, excluidos de la dinámica del mundo, pero yo lo celebro porque han decidido qué es importante para su vida. No digo que todos tengan que hacer esto, ni yo mismo lo haré, pero me emociona ver gente que decide libremente bajar de la cúspide de las necesidades de la interconexión digital, que definitivamente ha sido creada.

También me alegra encontrarme con personas que han decidido romper una relación afectiva que ya no los llena o los hace sufrir. Se enfrentan a un maremoto de opiniones, pero se mantienen firmes: "Lo siento, no es lo que quiero hoy para mi vida". Ahí hay una dirección de vida. Estas personas pueden plantar cara sin ningún miedo ni remordimiento a los que opinan de una manera diferente, porque son ellos los que determinan qué valor tiene cada experiencia. No es que tengan o no tengan la razón, no es que estén haciendo bien o mal, eso no es lo que me alegra, lo que me alegra es que son dueños de su proyecto de vida y deciden, desde su comprensión de la vida, y claro, asumirán con sus capacidades y limitaciones las consecuencias que eso les genere.

Si soy el que dirijo mi vida, soy el que decido qué es de vida o muerte y qué no tiene importancia. No voy a llorar por lo que otros quieran que llore. No voy a amargarme por lo que los otros decidan que es importante para mí. Como soy quien decido, habrá momentos en los que me tocará simplemente seguir de largo ante una situación que para mí es poco importante, incluso si termino siendo juzgado por mi actitud. Si eso ocurre, allí es donde volveré a decir: "MVM".

Esto no es tan fácil cuando nos hemos acostumbrado a las manipulaciones religiosas, psicológicas, políticas y hasta sexuales de nuestra sociedad. "¡Eso es pecado!", "¡No eres normal!", "¡No eres de los buenos!", son las acusaciones con las que algún titiritero quiere que seamos sus marionetas. Sin embargo, eres tú, que tienes un criterio formado, que eres capaz de autodeterminarte, que tienes que responder por lo que dices y haces, quien determina qué importancia tienen las situaciones que pasas. Eres tú y nadie más. No puedes ceder esta posibilidad a nadie.

Entiendo que hay situaciones de la vida que se imponen o nos las imponen algunas personas, pero aun en esas situaciones eres tú quien decide con qué actitud las enfrentas y qué dimensión tienen para ti. Conozco personas que, ante una enfermedad letal, han decidido que harán todos los tratamientos del caso pero que seguirán viviendo lo mejor que se pueda, y que no dejarán que esa situación les quite la posibilidad de disfrutar la vida.

Insisto en que hay realidades a las que se les das más importancia de la debida, pues son cosas que no afectan nuestras opciones fundamentales y no son de vida o muerte. Tienes que saber qué tiene un valor absoluto en tu vida y qué tiene un valor relativo. En el primer caso habrá que dar la batalla y sufrir si es necesario. En el segundo habrá que aprender a vivir las cosas con la intensidad necesaria y seguir adelante sin reacciones mayores a las que consideremos necesarias. No dejes que la dinámica social te imponga lo fundamental y te haga sufrir por lo que realmente merece algo de indiferencia. Ser libre interiormente implica no estar sujeto a esas apreciaciones de los demás, aun corriendo el riesgo de no ser popular.

EL IMPACTO DE LAS COSAS

Es obvio que el impacto de todas las situaciones no es igual en nuestra vida. No es lo mismo la negativa que recibimos en un almacén al ir a comprar algo que un diagnóstico de una enfermedad terminal. Son cosas bien diferentes. Antes de reaccionar, antes de dejar que se dispare la reacción de la tristeza o del sufrimiento, es necesario que midamos el impacto que esa situación tiene en nosotros y en nuestra vida.

Esto implica tomar conciencia de qué tanto nos impacta esa situación y desde allí determinar la importancia que tiene para nosotros. Se trata de vivir la vida conscientemente y no en automático, como ya te lo he dicho anteriormente, y para ello es necesaria una pausa, interiorizar y medir el impacto de la realidad.

Muchas personas están más enfocadas en sentir que en pensar, y sentir implica apenas notar que algo sucede, mientras que pensar implica comprenderlo, entenderlo, buscar alternativas y crear posibilidades. Sin ese tipo de metaanálisis es bien difícil la libertad. Profundidad de pensamiento y libertad son directamente proporcionales.

Ante una determinada situación hay que pensar: ¿Esto cambia la dirección de mi vida? ¿Pone en riesgo mis principios? ¿Trastorna profundamente mi proyecto de vida? Eso no tiene que ver con la persona que está impulsando la situación sino con lo que nos causa a nosotros. Puede ser un desconocido, pero si afecta la manera como estamos viviendo, tenemos que darle mucha importancia.

El impacto también puede medirse por el papel que la persona que lo ocasiona ejerce en nuestra vida. No es lo mismo algo hecho por un desconocido que algo hecho por un hijo, un hermano o una pareja. Tenemos que entender bien quién es y qué papel tiene en nuestra vida la persona que está actuando frente a nosotros. Todos tenemos que ser autónomos y desde esa condición relacionarnos con las personas que están a nuestro alrededor. Sin duda el papel desempeñado por esas personas está determinado por el afecto que les tenemos, por la historia compartida, por sus acciones en nuestra vida. Esa es una decisión nuestra, siempre en contacto con lo que la otra persona ha hecho en nuestra vida. Por ejemplo, en las redes sociales muchas veces opinan sobre nosotros y hacen comentarios personas que no conocemos, no vamos a conocer y no nos interesa conocer. ¿Vale la pena darle importancia a lo que están diciendo? El impacto, en este orden de ideas, está determinado por la cercanía, el afecto, el papel que esa persona tiene en nuestra vida.

Ese impacto lo puede medir la posibilidad de recuperación que tenemos. No creo que valga la pena echarnos a llorar o creer que todo está perdido por una situación que nos afecta pero que tiene solución, en la que podemos trabajar y recuperar lo perdido. Sé que la vida no se puede "resetear" y volver a iniciarse, como en los computadores, pero sé que muchas situaciones las podemos resarcir, sanar, restaurar, y eso implica no darnos por vencidos sino ponernos a trabajar con todas las capacidades que tenemos. ¿Vale la pena darle importancia a lo que rápidamente podemos recuperar?

Estoy pensando en todas las veces en las que nuestra libertad interior nos permite mantener la tranquilidad y no sufrir en medio de una circunstancia que otros consideran muy importante, pero que para nosotros no tiene un impacto real.

En mi decisión de pedir una dispensa para no seguir ejerciendo el ministerio presbiterial me enfrenté a situaciones en las que opiniones fuertes, hirientes y constantes no merecían toda mi atención ni que les diera mucha importancia, porque el impacto que tenían en mi vida era realmente marginal. Esas expresiones venían de personas que no ocupaban un puesto ni desempeñaban un papel preponderante en mi proyecto de vida. En más de una ocasión leí, escuché, olvidé y seguí adelante. No podía quedarme atrapado allí, pues esas personas y las personas que las emitían no eran fundamentales para mí. Las escuché con respeto, algunas veces con un respeto que no recibía a cambio, pero continué concentrado en lo que realmente era importante. Con esto aprendí que no todo merece que nos concentremos en ello y que nos puede resbalar lo que dicen o hacen. Para poder ser feliz se necesita ser libre interiormente y entender definitivamente que no todo es de vida o muerte. Así pues, el impacto de lo que dicen los demás lo medimos nosotros mismos desde indicadores objetivos, desde la constatación de los efectos reales que esas opiniones o acciones tienen en nuestra vida.

¿SE PUEDE RESOLVER?

El criterio que más me ha servido para tratar de vivir libremente es este: **si lo puedes resolver, invierte todas tus capacidades en hacerlo. Si no lo puedes resolver, entiende qué lección hay allí para ti y déjalo pasar.** Normalmente tenemos la posibilidad de resolver las situaciones que son de vida o muerte, que son fundamentales en nuestra existencia. Las que no están en nuestro halo de resolución probablemente no son las más importantes y por eso tendremos que vivirlas plenamente y dejarlas pasar.

Hay una oración que conocí cuando di conferencias para grupos de Alcohólicos Anónimos y que me gusta mucho. Dice: *"Dios, dame la serenidad para aceptar las cosas que no puedo cambiar; valor para cambiar las cosas que puedo y sabiduría para conocer la diferencia"*. Esto nos ayuda a determinar qué actitud asumimos frente a esas realidades. No parece muy sano ni inteligente desesperarnos, angustiarnos y enloquecernos por lo que realmente está fuera de nuestro control y por mucho que hagamos no podremos solucionar.

Es absurdo permitir que nuestra vida se desordene totalmente, se ponga "patas arriba", como diría mi abuela, por situaciones frente a las cuales no podemos hacer nada. Es un sufrimiento realmente inútil. No deberíamos dejar que esas situaciones opriman nuestra existencia porque nada podemos hacer frente a ellas. Puede sonar muy pragmático, pero es así: si lo puedes solucionar, si puedes influenciar directa o indirectamente sobre esa realidad, si está a tu alcance ocasionar algo en su proceso de resolución, pues adelante, hay que hacerlo. Pero si nada puedes hacer, es inútil gastar toda la energía en ese imposible.

Tener claro este criterio nos hace vivir con mayor libertad y nos permite decidir qué es fundamental y qué es accidental en nuestra vida. Hay que entender que hay realidades que pasan, nos golpean, pero no pueden quedarse instaladas en nuestra mente y corazón; hay que dejarlas fluir.

En una sociedad que nos hace creer que somos el centro de todo, que somos superhéroes todopoderosos y que somos unos fracasados si no logramos algo, es normal tener la tentación de sufrir por todo o de creer que tenemos que hacer algo siempre. Sin embargo, no es así. Hay realidades que tenemos que dejar ir porque no podemos hacer nada, por mucho que queramos.

En mi ministerio presbiterial, muchas veces me vi tentado por esta realidad de querer resolverlo todo. Puede haber sido porque los feligreses se hacen expectativas muy elevadas y creen que los padres son capaces de resolverlo todo. Yo muchas veces sufrí porque no podía resolverlo, porque había temas —realmente creo que la mayoría— en los que solo podía hacer una reflexión, proponer tareas existenciales, pero nada más. Y eso era frustrante, porque al fin y al cabo a veces a los que presidimos comunidades en la fe nos creen "encarnación de Dios", lo cual no solo es una herejía sino una carga muy pesada que nadie puede cumplir.

De esa situación aprendí a ser libre y a simplemente decir: "No puedo hacer nada. Lo lamento, pero no puedo solucionarte ese problema, te corresponde a ti". No solo como gesto de honestidad de mi parte, sino también de empoderamiento de la otra persona. A veces, cuando desplazamos a otros todas nuestras esperanzas, nos despojamos a nosotros mismos de la capacidad de hacer lo que sí podemos.

VACILARSE LA VIDA

En el Caribe colombiano, en el que nací y me crié, hay una actitud que me emociona y de la que me siento orgulloso: una cierta despreocupación por las excesivas formalidades de la vida, un entender que nuestra desesperación y angustia no nos hace más eficientes ni soluciona nada. Esto muchas veces se expresa con una frase, que muchas veces no es bien entendida: "Cógela suave". Se trata de bajarle al acelere, de reducir la tensión, de entender, en últimas, que muchas realidades implican aprender a vivirlas con una dosis de tranquilidad y serenidad.

Fruto de esa convicción es la idea de que la vida es para reírse, para ser feliz, para vivir jubilosos. No es irresponsabilidad, es saber que no siempre hay que tomarnos tan en serio todo lo que sucede, es entender que nuestra preocupación no soluciona nada si no se concreta en acciones muy bien trabajadas, con inteligencia, firmeza y constancia. Cuando se confunde la responsabilidad con el perfeccionismo, cuando se tiene la creencia de que todo es fundamental, no solo se termina esclavo de todo lo que sucede, sino que no se es feliz.

El que es libre interiormente sabe burlarse de sí mismo, sabe descubrir sus errores y aprender de ellos. Cuando entiendes eso estás más preparado para ser feliz, incluso si lo que ocurre no es lo que deseabas. Esa actitud de divertirse en la vida, en lenguaje caribe, se expresa con el verbo "vacilar". Creo que tenemos que aprender a vacilar para captar que no todas las situaciones pueden ser asumidas como de vida o muerte. Cuando tenemos esa actitud ante la vida somos capaces de descubrir que hay muchas situaciones que no merecen nuestra preocupación ni nuestro desespero. Por el contrario, hay realidades que tenemos que afrontar con un buen sentido del humor, gozándonos las ironías de la vida, los desaciertos que tenemos y sabiendo que no todas las frustraciones son definitivas. **Ser libre interiormente implica entonces entender que divertirse es una necesidad; el antídoto contra la amargura y el sinsentido.**

Escanea este código con la cámara de tu celular y cuéntanos a qué cosas nunca debiste darles importancia:

CAPÍTULO 5

Si no te gusto, no te gusto

Solo puede decir "MVM" quien se conoce, se mira con tranquilidad al espejo y se gusta sin importar la opinión de los demás.

Ha dicho alguien antes que yo que la cultura del *reality* tiene mucho de cultura de cárcel. No en el sentido de una privación de la movilidad, sino de la exposición permanente, la total carencia de intimidad. En la cárcel, así como en el *reality*, todos pueden ver lo que haces en cualquier momento. Una de las consecuencias de la irrupción de los medios de comunicación y de las redes sociales en la vida moderna es que ha desatado un exhibicionismo y un voyerismo social exagerado. Todos viven para ser vistos o para mirar. Las calles y, en especial, los centros comerciales se presentan como las grandes vitrinas en las que unos se exhiben y otros van a ver la exhibición. Esto ha generado una marcada tendencia a vivir atentos al juicio estético que los demás hacen de la manera de verse, vestirse, caminar, de estar en la vida.

El sentido de la vida ha quedado casi determinado por el juicio estético que los otros hacen de nosotros. Vivimos cuestionándonos si les gustamos o no a los demás, si les resultamos agradables, atractivos o interesantes. Dependemos de su aprobación y anhelamos su deseo, como un aire que llega a nuestro asmático ego. Eso nos hace estar atados a sus comentarios y opiniones, nos hace ser esclavos del gusto de los otros —que siempre es subjetivo y efímero— y nos lleva a no poder ser verdaderamente felices, pues no hay plenitud alguna cuando toda nuestra atención está en la aprobación de otros.

Todo esto lleva a que la imagen termine siendo una camisa de fuerza, a que vivamos atentos a cuidar nuestra apariencia y a proyectarla de manera que sea aceptada y aprobada por los demás. No nos interesa realmente quiénes somos sino cómo nos perciben y qué juicio hacen de nosotros los demás. Así, terminamos creyendo que la imagen determina nuestra forma de relacionarnos con ellos.

Está normal que al vivir con otros escuchemos sus opiniones e intercambiemos con ellos nuestras percepciones, incluso sobre lo estético: qué nos gusta y qué no. Pero lo que no podemos es dejar que nuestro ánimo o nuestra salud emocional dependa de estos juicios. Con honda tristeza he visto a muchas personas, principalmente mujeres, atrapadas en la necesidad de proyectar cierta imagen, usando sus recursos económicos —muchos o pocos— en cirugías y tratamientos para complacer los estándares de los ojos que las miran. Siguen la opinión de sus seres cercanos, incluso su pareja, sobre qué deberían ponerse aquí o qué deberían quitarse allá. Se acogen a peticiones de vestirse o arreglarse de otra forma para poder ir a determinado lugar.

Ante eso digo que una buena relación no es aquella en la que hay que esforzarse por ofrecer la imagen que el otro quiere, sino aquella en la que no hay miedo de ser y expresarse auténticamente porque nos sabemos respetados y valorados tal cual somos.

Ser libre interiormente implica no tener miedo de proyectarse tal cual se es, es entender que los otros tienen opiniones personales que son respetables, pero que no son la verdad absoluta ni son determinantes para que seamos felices o infelices. Ser libre interiormente nos exige vivir sin poses, ni máscaras ni queriendo proyectar la imagen que los otros desean de nosotros, sino exponer lo que somos y queremos ser.

LA IMAGEN, UNA REALIDAD SUBJETIVA

La imagen que los otros se hacen de nosotros mismos no es una cartografía exacta de lo que somos, ni un calco preciso de las características que tenemos. No somos la imagen que los otros tienen de nosotros. Esta es el resultado de una mezcla de percepciones y refleja la forma particular que esos otros tienen de ver la vida, la realidad, a los demás, una forma nacida de las propias experiencias, de las características personales, de sus miedos y seguridades. Por eso, muchas veces no nos ven como somos, sino como pueden vernos desde sus propios condicionamientos.

Los otros representan la realidad que ven desde lo que les agrada y lo que rechazan. ¿No te ha pasado que alguien te cuenta la imagen de una tercera persona y que cuando tú la ves nada tiene que ver con lo que te contaron? Es porque todas las imágenes que nos hacemos de los otros responden más a lo que nos gusta y al momento que vivimos que realmente a lo que el otro es. Estoy convencido de que el otro no nos ve como somos sino como él es. Es decir, nos ve desde su propio mundo, desde su propia construcción estética, desde sus propios sueños y fracasos. Nos ve con sus ojos y con las categorías estéticas que tiene, que no siempre dicen la realidad.

La imagen que los otros se hacen de nosotros también está ubicada en un momento preciso de la historia que tiene unos matices, unos fenómenos primordiales, unas tendencias que determinan esa visión. No es lo mismo que ellos te observen y se hagan una imagen de ti cuando están viviendo los mejores momentos de su vida que cuando están pasando por momentos duros y difíciles.

La imagen que ellos se hacen de ti mismo les pertenece más a ellos que a ti. Por eso no puedes dejar que eso te determine, te quite la paz o te haga vivir como no quieres. No eres la imagen que los otros tienen de ti. Tanto así, que todos los que te ven pueden pensar algo totalmente diferente sobre quién y cómo eres, sin que ninguna sea la plena verdad. Son las expresiones de lo que ellos son en relación contigo.

Por eso no puedes vivir para que tu imagen sea aplaudida por otros. Entiendo que los medios de comunicación o las redes sociales se vuelvan un mundo de presión que nos empuja a cierta necesidad, muy irreal, de cumplir un estándar que se ha impuesto universalmente, casi siempre respondiendo a un interés estético que a su vez responde a intereses económicos, pero también entiendo que no tienes por qué dejar que esas presiones sean la motivación que mueva tu proyecto personal de vida. No vivir de acuerdo al estándar no te hace infeliz ni te condena a vivir aislado y triste toda la vida. Tú tienes que ser tú mismo y saber que cuando los otros tienen una visión distorsionada de la realidad —por sus propios defectos y trastornos— nada de lo que tú hagas hará que tu imagen les agrade.

Seguro que hay algo de verdad en la representación que los otros tienen de ti, pero no es una verdad absoluta. Eres mucho más que eso y tienes que tener la valentía para vivir desde los principios que te mueven y te impulsan. No dejes que tu vida se quede atrapada en los juicios estéticos que los otros hacen de ti y de tu imagen.

Esto se agrava aún más cuando entendemos toda esta reflexión de cara a que hoy todo comportamiento es susceptible de ser grabado y publicado, con o sin autorización. Lo cual nos lleva a decidir cómo vivimos frente a las cámaras que nos están viendo y grabando constantemente, aunque no las veamos o no seamos conscientes de la presencia de ellas en nuestra cotidianidad.

Tenemos dos posibilidades: vivir en una actuación permanente, posando para las cámaras con actitudes políticamente
correctas, o vivir en libertad, apoyados en la coherencia entre
nuestras acciones y los valores que nos definen. Creo que la segunda opción conduce a la verdadera felicidad. Ser conscientes de
que todas las dimensiones de nuestra vida podrían estar expuestas
nos debe llevar a actuar en lo privado como si estuviéramos en público y viceversa, pues la autenticidad no puede restringirse únicamente a espacios de confianza.

Personalmente me he enfrentado a los juicios estéticos que algunos hacen de mi imagen personal. Desde que estoy en los medios
de comunicación —en la radio desde 1984 y en la televisión desde
1992— he tenido que leer y escuchar distintos juicios sobre mi imagen personal. Por un lado, decían que yo no proyectaba la sacralidad
que se busca en un presbítero. Decían que no les gustaba mi barba o
que me la tenía que cuidar más, etc. Y si algo he entendido es que lo
importante no es lo que los otros piensan de mi imagen, sino cómo
puedo desarrollar cada una de las competencias que tengo y usar
las habilidades que la genética, la formación y la experiencia diaria
me han dado. He decidido ser yo mismo siempre, sabiendo que eso
puede gustar o no gustar a los que me vean.

ENTRE GUSTOS NO HAY DISGUSTOS

No creo que ningún juicio estético sea mejor que otro. No creo que
los gustos se puedan jerarquizar. No hay un gusto mejor que otro,
simplemente son diferentes. Cuando esto se tiene claro no se es esclavo de ningún juicio estético, sino que se entiende que cada quien
posee su criterio y evalúa de forma distinta lo que ve. Cuando alguien
te dice que no le gusta tu estilo, tu manera, tu imagen, está manifes-
tando su gusto, el cual puedes aceptar o rechazar. En todo caso, tu

autoimagen no debe depender nunca de las valoraciones estéticas de otros. Esto es, no tienes por qué sufrir por eso, porque si te gustas a ti mismo, físicamente y en tu apariencia, también vas a encontrar quien reconozca eso, lo aprecie y lo encuentre tan atractivo como tú.

No es fácil entender esto porque asociamos los juicios estéticos a juicios de valor; es decir, creemos que lo que nos disgusta está mal, y eso no es cierto. He visto a algunos amigos expertos en arte decir que no les gusta una obra que todo el mundo ha considerado bella y extraordinaria. Eso no significa que la obra es "mala" o que deba ser descartada, sino que simplemente no está acorde con los cánones del gusto de estos amigos.

Es cierto que, en su afán de homogeneizarnos, la moda impone formas estéticas que pretende que todos cumplamos si no queremos sentirnos aislados y separados del grupo. Pero también es cierto que muchas personas alcanzan notoriedad y aceptación con su propio estilo, algunas veces en contravía de las propuestas de la mayoría.

Es importante comprender que las opiniones no tienen un valor ontológico. Lo que otros piensen de ti no te define como persona; define la relación que tienes o puedes tener con alguien. Su juicio estético no es mejor que el tuyo, su gusto no es mejor que el tuyo. Muy seguramente lo que a esa persona le gusta no te gusta a ti, y eso no hace ni a ti ni al otro buenas o malas personas, simplemente da constancia de la singularidad de cada quien.

El problema es cuando dejas que su juicio estético se vuelva una medida del sentido de tu vida, cuando le das el poder de que su apreciación dirija tu camino, cuando tu estado emocional depende de ese juicio.

Aquí te dejo algunos consejos que pueden ayudarte a evitar caer en esa dinámica nociva.

1. Acepta que hay personas a quienes, hagas lo que hagas, no les gustarás

En mi ejercicio pastoral siempre tuve dificultades con un grupo de creyentes que, por definirlos de alguna manera, llamaré "religiosos conservadores". Cualquiera que fuera la manera como expusiera mis ideas, mi forma de vestirme, mi manera de interactuar, siempre fui rechazado y despreciado por estas personas. Aún hoy tengo experiencias de estas. Me causa mucha risa, por ejemplo, cuando publico un video en mi canal de YouTube y en menos de cinco segundos ya tengo dos "No me gusta". Esto me indica que no han ni siquiera visto todo el video, pues estos siempre duran más de 5 minutos, y, sin embargo, ya lo han declarado como malo y lo han rechazado. Probablemente esos "no me gusta" los ponen personas pertenecientes a ese grupo que indico.

Es un rechazo abierto y algunas veces hasta agresivo. Al principio esto era realmente doloroso para mí. En muchos momentos de reflexión personal alcancé a cuestionarme qué estaba haciendo mal o qué podría cambiar para recibir una buena valoración de ellos. Escarbaba en mí tratando de ver si realmente podía hacer algo para que esas personas no me rechazaran con tanta vehemencia. Me esforzaba en hacer bien mi trabajo, en mejorar, en usar todas las técnicas que había aprendido para impactar a las personas con las que me iba a encontrar, pero, con este grupo en particular, el resultado era el mismo: me rechazaban y criticaban duramente.

Pero entonces un día tomé conciencia de que con estas personas no había caso. Su opinión sobre mí iba a ser siempre la misma, ya que mi imagen nunca iba a corresponder con la imagen de presbítero que ellos tenían. El problema no era mío ni seguramente de ellos, ya que los dos respondíamos a marcos teóricos distintos, los cuales nunca iban a coincidir por ninguna parte. No es que ellos fueran malos o yo estuviera mal, simplemente teníamos maneras muy distintas de entender la relación con Dios y con los hermanos. Para intentar agradarles, ni para reducir el impacto en mí de sus actitudes, no podía traicionar los valores que definían mi vida espiritual ni ser incoherente con la opción fundamental de fe que tenía y sigo teniendo. **Entendí entonces que hay personas con las que siempre voy a fracasar. Su estructura mental, su propia historia, sus elecciones y su postura ante la vida no les permitirá tener una buena evaluación de mí. No les gusto y nada va a hacer que eso cambie. Y eso está bien.** Cuando entendí esto y lo asumí, fui más libre y pude realizar de mejor manera mi trabajo.

Para ellos yo era un hereje y, para mí, ellos unos fósiles medievales. Teniendo esas imágenes, no podíamos coincidir fácilmente los unos con los otros, pues esos conceptos se expresan en actitudes y acciones muy concretas en la vida diaria. Lo importante es entender que esos conceptos no son la realidad, que los prejuicios que generamos a la velocidad de la luz no podemos convertirlos en verdades ni en categorías absolutas. Lo más importante que podemos hacer es estar de acuerdo en que no estamos de acuerdo y respetarnos.

Sé que en los temas religiosos esto no es importante para quienes hacen de cualquier práctica de piedad, de cualquier dinámica disciplinar, un dogma inamovible que sirve de torniquete de entrada en la puerta del cielo, pero creo que aun en estas dimensiones de la vida tenemos que dejar espacio para la diferencia, para entender que no todos tenemos que estar de acuerdo en todo y que definitivamente el gusto no nos puede llevar a jerarquizar ni a crear estratos de personas. **Sin importar el contexto, tiene que quedar claro que si alguien no me gusta no significa que está equivocado y que merezca la horca o el patíbulo.**

Estoy seguro de que eso te pasa también a ti en tu vida diaria y por eso te digo: para ser feliz tienes que aceptarlo, asumirlo y seguir siendo fiel a los valores que definen tu proyecto de vida. Hay personas que al tener una manera de entender la vida bien distinta de la tuya no van a aceptar ninguna de tus acciones como válidas ni van a hacer juicios estéticos objetivos sobre ti. Es probable que con ellos siempre vayas a fracasar y que sus veredictos sean fuertes y, en apariencia, definitivos. Pero no puedes dejar que su juicio arruine tu vida. No les puedes dar el permiso de hacerte sentir despreciable o infeliz. Ya sabes que sus manifestaciones no son realmente un juicio sino la expresión de los prejuicios que tienen contigo. Puedes estar seguro de que todo lo que hagas, aunque sea excelente, correcto, ético, legal, siempre va a ser despreciado por ellos. Eso forma parte de la vida y no debe ser un obstáculo para que sigas adelante.

Recuerdo a una amiga que no encajaba en la mentalidad de su suegra, ya que era una mujer empoderada, con una militancia decidida por la equidad de género, independiente y autónoma, con un proyecto de vida sólido, mientras que su suegra era una mujer machista, de las que consideraba que las mujeres son un apéndice de los hombres, que tienen funciones domésticos muy claras, que debían realizar con la mayor excelencia. Eran habitantes de planetas muy diferentes. No coincidían en nada, por lo cual todo lo que mi amiga hiciera —a veces con un gran sentido de generosidad y solidaridad— era rechazado, mal evaluado y confirmaba la terrible imagen que la suegra tenía de ella. No le quedaba otro camino que vivir sabiendo que siempre fracasaría con esa suegra, que no estaba dispuesta a dejar a un lado la imagen que tenia de su nuera. Nada de lo que hacía recibiría una aprobación allí.

No puedes hacer de esto una tragedia. Es una realidad que todos vivimos con distintas intensidades en nuestra vida diaria, y con la cual tenemos que contar para poder vivir plenos en la realización de nuestro proyecto. Ten claro que la imagen que esas personas tienen de ti no te expresa objetivamente, sino que son la proyección que hacen luego de pasarte por los vidrios de aumento que tienen en su mente. Tú no eres esa imagen que ellos tienen de ti.

Lo importante es tener claro que tus acciones tienen que ser éticas, legales y constructivas, que te tienes que esforzar por dar lo mejor de ti y por responder a los valores que te impulsan. Por eso las preguntas que te tienes que hacer cuando te enfrentas a estos juicios destructivos, a estos malquerientes y a los "No me gusta" que te digitan a diario son: ¿Soy coherente con los valores, las opciones y el proyecto de vida que tengo? ¿Le estoy haciendo daño deliberado a alguien? ¿Me estoy haciendo daño a mí? ¿Mis actitudes y acciones son éticas y legales? Las respuestas a estas preguntas son las que te tienen que llevar a estar en paz contigo o preocupado, no las manifestaciones de esas otras personas que siempre estarán en desacuerdo contigo.

A esas personas hay que respetarlas y valorarlas, pero no hay que ponerles demasiada atención, sino que hay que seguir adelante en la consecución de los sueños y los objetivos que tenemos. Con ellos siempre vas a fracasar y eso te debe servir de criterio para saber que estás siendo auténtico y estás viviendo en coherencia. Más bien tendrás que preocuparte cuando esas personas, sin cambiar su visión de mundo, te valoren y te den un "Me gusta", porque eso puede implicar que te estás traicionando a ti mismo.

2. No seas esclavo de la opinión de los demás

Entiendo como opinión el juicio que cada persona tiene o hace, desde su contexto propio, de una situación o persona. En ese sentido, una opinión es siempre subjetiva. Es la manera como alguien entiende la realidad. Si bien todos tenemos derecho a expresar nuestra opinión, todo el mundo tiene el derecho, también, de analizarla críticamente y de rechazarla o aceptarla. Hay que tener claro que hay opiniones personales y también la llamada opinión pública, en la cual todos estamos expuestos a la opinión de los demás. Ellos, los demás, están en su derecho de manifestar el juicio que se hacen de nuestra manera de ser y actuar, de nuestra forma de vestir y de manifestarnos. No podemos quitarle a nadie ese derecho. Tenemos que aceptar que lo normal es que escuchemos o leamos —más en épocas de redes— lo que otros opinan de nosotros. Puede que muchas de esas opiniones nos gusten y reafirmen lo que estamos haciendo. Eso nos anima y estimula a seguir adelante, pero también es posible que otras opiniones no nos gusten y nos molesten.

Todos disfrutamos las opiniones positivas que alaban nuestras características personales. Pero no podemos hacer de ellas el centro de nuestra vida. Esto nos hace dependientes de las opiniones de los otros, hace que nuestra estabilidad emocional dependa de lo que los otros piensan o dicen. Perdemos así el control de la vida y la ponemos en mano de los otros. Es trágico que el control sobre los niveles de satisfacción de nuestra vida esté en manos de otras personas y de su caprichosa opinión.

Por otro lado, tenemos que hacer conciencia de que, aunque nos halaguen y nos hagan sentir mejor, algunas opiniones pueden no ser objetivas y no corresponderse con la realidad sino con los intereses de las personas que nos las están comunicando. Las opiniones tienen que ser siempre escuchadas críticamente, lo cual debe hacerse con tranquilidad, sin dejarnos mover emocionalmente por ellas ni caer en los impulsos del prejuicio, sabiendo que ellas expresan la forma como los otros nos ven.

Las opiniones hay que contrastarlas con la realidad y cuestionarnos el interés que puede tener quien la está emitiendo. Esto implica ser muy analítico y revisar con detenimiento lo que se dice. Es obvio que algunas opiniones no merecen ese análisis porque desde el inicio se percibe su incongruencia y falsedad. Es posible que alguien que no nos diga algo cierto, y por lo mismo no podemos darle tanto valor. Esto es distinto a cuando nos dicen algo cierto y la persona que lo expresa ha demostrado que quiere lo mejor para nosotros. En ese caso sí vale la pena conversar y entender mejor el análisis que hizo para obtener ese juicio. Sin ese análisis crítico podemos ser unas auténticas veletas movidas por el viento de las opiniones.

Yo soy asiduo de las redes sociales. Me gusta estar en contacto con la gente, por lo que constantemente estoy compartiendo mensajes digitales, buscando generar inspiración y reflexión en quienes me leen. En ese ejercicio me impresiona que nada queda exento de una opinión; todos se sienten invitados —y creo que lo están— a manifestar lo que piensan de lo que digo. Muchas opiniones terminan siendo insultos o descalificaciones personales que nada tienen que ver con lo que acabo de "postear". Se manifiestan con palabras altisonantes, juicios mentirosos, intereses viles, críticas sin ninguna lógica o coherencia. La verdad, las leo con tranquilidad y serenidad, las analizo y trato de responder —si lo merecen— con la prudencia del caso, y, si es posible, con algo de ironía y buen humor. Tengo claro que soy libre frente a todas las opiniones que los demás puedan tener de mí. Mi vida, su sentido, no puede depender de lo que otros piensen, no puedo esclavizarme en la búsqueda de que esas opiniones sean siempre positivas.

Es necesario tener la capacidad de tomar distancia de todo lo que los otros dicen en las redes sociales, teniendo en cuenta que muchas veces lo hacen sin ninguna otra información que la que su imaginación produce. Sin exacerbar nuestras emociones, tenemos que entender que muchas opiniones nacen de la envidia, de complejos personales, y por ello no merecen que nos dejemos anclar por ellas. La mayoría de las veces son escritas por personas que realmente no nos conocen y que no cumplen ningún papel en nuestra vida, ni en nuestro proyecto.

A raíz de mi petición al Vaticano de que me dispensara de los compromisos que asumí al ser ordenado presbítero, me toca leer opiniones que no me interesan. Digo "me toca" porque a veces estas se imponen a los ojos, sin que yo quiera leer esa cantidad de juicios destructivos que, entre otras cosas, expresan un desconocimiento total de la teología sacramental católica. Al principio me incomodaban, pero hoy entiendo que tienen el valor que yo les dé y que realmente son poco importantes para lo que estoy viviendo hoy. Recuerdo a alguna señora que con mucha vehemencia me escribió que no estaba de acuerdo con mi decisión de no ejercer más el presbiterado, a lo que le tuve que responder que le agradecía su mensaje pero que no me interesaba su opinión. Algunos dirán que es grosería, pero realmente creo que se trata de tener claro los límites de cada uno y de manifestarlos con asertividad. Esa señora no conocía mis motivaciones profundas para tomar esa decisión —y no tenía por qué conocerlas—, lo que hacía que su juicio fuera muy superficial.

Ser libre implica entender que todo el mundo tiene el derecho a opinar, pero también todos tenemos el derecho a decir "eso no me interesa" o "eso no me importa". Para hacerlo hay que tener una muy buena relación con nosotros mismos, saber quiénes somos, qué queremos hacer con nuestra vida y tener claro los valores que nos mueven. A veces habrá que enfrentar esas opiniones y mostrar que no corresponden con la realidad. Si ese es el caso, hay que hacerlo desde la inteligencia y la mesura.

No puedo negar que hay opiniones bien elaboradas de personas que no conozco, que me han aportado mucho en mi proyecto de vida, pero tengo que decir que son las menos, ya que en el mundo de las redes abundan más las que no dan cuenta de la realidad sino de los prejuicios y de la imaginación de quien las expone. El que opina lo hace pretendiendo que su juicio tiene veracidad y valor, pero eso no implica que realmente lo tenga. El que expone su opinión está seguro de que es verdad incuestionable y que tiene que ser aceptada por los otros, pero eso no asegura que así lo sea. Tú analizas y decides qué hacer con esa posición de vida que el otro te ha comunicado: la desechas o la tienes en cuenta para lo que quieres hacer.

Insisto en que vivir para agradar a los demás, para que los otros tengan una buena opinión de uno es una tentación muy fuerte que debemos controlar porque compromete nuestra felicidad, ya que, como escribí anteriormente, nunca logramos agradar a todos y podemos terminar comprometiendo nuestra esencia y sin saber quiénes somos.

Ahora, es claro que eso que decimos de la opinión de los otros también tenemos que decirlo de nuestra opinión. Lo que pensamos no es absoluto, no es siempre es verdadero y no tiene por qué ser aceptado por todos. Sí, cuando emitimos una opinión tenemos que ser conscientes de que puede ser rechazada por los otros, lo que solo implica que hay un desacuerdo en la manera como entendemos la vida. Hay que ser cuidadosos y no pretender imponer nuestras opiniones a los demás.

Ser libre interiormente supone deshacerse de la idea de tener una imagen que agrade a todos, así como dejar de ser esclavo de las opiniones de los demás. Quien quiere ser dueño de su proyecto de vida tiene que asumir que todo lo que hace o dice va a ser analizado, cuestionado, rechazado o aprobado, y que eso no significa nada más que otros están ejerciendo su derecho de opinar. No nos podemos quedar atados a la imagen que los demás nos quieren imponer con sus opiniones sobre nosotros. La felicidad pasa por la capacidad de asumir que somos únicos e irrepetibles y que eso implica grandes diferencias, de todo nivel, con los demás. Ser libre significa entender que se puede seguir adelante a pesar de eso.

Escanea este código con la cámara de tu celular y arma tu propia lista de cosas que no has hecho por pensar en qué dirán los otros:

CAPÍTULO 6

Prueba de camuflaje

Solo puede decir "MVM" quien elige no copiar ni imitar a nadie, es decir, aquel que se conoce a sí mismo y expresa su ser genuinamente.

De todas las formas en las que un ser humano pierde su libertad, considero que la peor de todas es el "síndrome del camaleón". Hay personas que padecen del mismo mal que Mystique, el personaje de los X-men que puede asumir las formas y la apariencia de los otros. Podría pensarse que lo de ella es un poder extraordinario y de alguna manera envidiable, pero yo creo que no es un poder, es una tragedia. Mystique no puede ser ella. Camuflarse entre la multitud como alguien más puede resultar rentable si te están persiguiendo, pero en cualquier otro momento de la vida, termina siendo una condena.

Creo que nuestra sociedad, que genera tantas presiones sobre los individuos, hace que muchos jueguen a ser Mystique. Estas personas no son auténticas, viven con una ansiedad permanente por querer ser aprobadas, por impresionar. He visto muchas veces estos personajes: se camuflan fácilmente entre los que tienen a su alrededor, adoptan sus formas, ideas e idiosincrasia. Hacen todo por encajar y terminan traicionando su esencia e, incluso, desconociendo que la tienen.

Ninguno de nosotros es una plastilina que pueda ser puesta en distintos moldes, tampoco somos papel para fotocopias de otros. Llevamos dentro una fuerza personal, una identidad única, que vamos construyendo a la vez que la vamos descubriendo. Por eso buena parte de nuestra vida se va en encontrarnos a nosotros mismos y otra parte en proteger nuestra autenticidad.

Este "síndrome del camaleón" sucede en muchas relaciones, pero especialmente en las de pareja. Cuando uno de los dos llega a la relación sin un conocimiento suficiente de sí mismo, puede pasar que rápidamente empiecen a parecer la misma persona. Por ejemplo, si uno de ellos es intelectual y el otro no, ocurre que en menos de dos semanas la pareja comienza a hablar de temas que al que no era intelectual jamás en su vida le habían interesado. Si uno es deportista y el otro no, no se diga más: el segundo se apunta al gimnasio, compra ropa deportiva, tarros de proteína y se embarca en interminables conversaciones sobre qué tipo de ejercicio con qué tipo de dieta asegura los mejores resultados para un cuerpo *fit*. Si uno de los dos es *hippie* y el otro no, pues lo mismo: el segundo se lanza a la exploración sensorial, compra ropa hecha a mano y se pone a oír música de los sesenta. Cada estilo de vida tiene sus ventajas, sus contraindicaciones, pero lo que de seguro es una catástrofe es vivir disfrazándonos de la persona que tenemos al lado. Así, puede ocurrir que a una persona que conocemos hoy, en unos años la veamos siendo cinco o seis personas distintas, según la compañía que tenga. Esto es una pena.

Creo que las relaciones que están marcadas por ese mimetismo no pueden durar demasiado, pero, sobre todo, no *deben* durar demasiado. En últimas, no debe ser del todo emocionante andar 24/7 con una persona que piensa, actúa, se viste y se divierte exactamente como tú. Más temprano que tarde tanto efecto de espejo termina siendo tedioso y alguien saldrá a buscar algo de variedad. El problema es que cuando terminan una relación, a las personas con este síndrome luego les viene otra relación con alguien diferente, en la que ocurre lo mismo. Luego otra y luego otra. Todas terminan por la misma causa.

LA IMITACIÓN COMO ESTRATEGIA DE SUPERVIVENCIA

El camuflaje es una de las prácticas que deben aprender los soldados antes de dirigirse a misiones en zonas de combate. Lamentablemente en Colombia sabemos mucho de eso: nuestras Fuerzas Militares y de Policía se han visto obligadas a vivir en constante alerta ante una posible confrontación y han tenido que desarrollar destrezas necesarias para la guerra, a diferencia de países que viven con menos conflicto. En la mitad de la selva, de la montaña, en operaciones para desmantelar el crimen organizado, el camuflaje es un esquema de supervivencia. Y para ese mismo fin lo usan también personas que en la vida cotidiana, en la vida civil, se camuflan entre la gente que las rodea. Estas personas se sienten amenazadas permanentemente, creen que los demás están planeando ataques en su contra todo el tiempo. Puede ser también que piensen que, para poder llegar a donde quieren, deben ponerse en actitud combativa con todo y con todos.

El camuflaje es una actitud de ajedrecista que se impone en las relaciones, en los compromisos, en la interacción social o laboral. Las personas que la practican tienden a hacer las cosas de manera soterrada, con segundas intenciones, disfrazando todo el tiempo lo que en realidad piensan, lo que en realidad sienten, lo que son. Su mentalidad tiene tintes de paranoia, fruto de inseguridades, autoconocimiento y autovaloración. Viven en clave de treta, de artimañas para lograr conseguir algo de los demás, sea una ventaja material, o simplemente su afecto, su aprobación o su cariño. Claro, en algún momento de la vida, y especialmente en las primeras etapas de las relaciones interpersonales, todos hacemos ciertos ajustes a nuestra forma de comportarnos o de hablar. Lo hacemos para caerle bien a alguien o conquistar a una persona que nos gusta. Pero algo distinto es vivir de esa manera todo el tiempo. Ya entonces hablamos de personas esclavas del disfraz.

Es cierto que casi todo el mundo tiene un disfraz. Los auténticos son escasos. No sé si conozcas muchos. Son personas atípicas, poco predecibles que no se ponen máscaras cotidianamente para ganar nada, ni para evitar nada. Simplemente son, se conocen, se aceptan, se emocionan con pensar en lo que llevan dentro y lo dejan salir espontánea y libremente, sin imponerle a nadie sus propias características, virtudes o defectos. Suena un poco utópico, ¿verdad? Precisamente porque son escasos, porque no conocemos muchos seres humanos así, y tal vez, porque tampoco somos todavía ese tipo de seres humanos. Yo mismo me descubro batallando en mi cabeza con pensamientos sobre lo que puede pasar con tal persona si hago esto o lo que puede pensar esta otra si hago lo otro. Es ahí cuando debe aparecer cierta dosis de MVM que me permita expresarme y comportarme libremente. Esto no quiere decir que no haya consideración por los otros —la consideración es uno de los valores que he elegido como principio de vida—. Lo que es importante es no depender de sus reacciones, porque debe primar la autonomía, otra de mis elecciones fundamentales.

Esa autenticidad, ese vivir libres de camuflajes y disfraces, es una construcción permanente, una búsqueda. Insisto en esa dialéctica que me parece muy propia de encontrarse a uno mismo: no somos algo terminado, pero tampoco empezamos jamás de cero. Vamos descubriendo cosas y eligiendo cosas. Buscarnos y descubrirnos implica reconocer qué tanto de lo que somos es producto de las imposiciones de fuera —educación, religiosidad, cultura familiar o social— y qué tanto es un aporte genuino. No es un asunto sencillo, porque buena parte de la educación busca ayudarnos a perfeccionar la capacidad de camuflarnos. Por eso creo que necesitamos usar lo mejor de lo que hemos aprendido para desprendernos de eso que hemos aprendido. Es decir, el mejor uso que le podemos dar a la crianza y la educación recibida es ponerla al servicio nuestra capacidad crítica. Lo que sabemos debe servirnos para dudar, distanciarnos o rechazar algunas de las cosas que nos fueron dadas si encontramos que estas van en contravía de nuestra esencia.

ENTONCES, ¿QUÉ SOMOS?

Algunas de las cosas que más arraigadas tenemos en nuestra identidad son imposiciones o elecciones que otros hicieron por nosotros. ¡Cuántas personas han tenido que esperar a la vida adulta para asumir algo que descubrieron siendo niños o adolescentes y que entonces no se atrevieron a expresar! Historias de esas vemos todos los días. En algún punto todos hemos hecho elecciones laborales, profesionales, vocacionales o afectivas que en realidad no nos apasionaban o no estaban en línea con nuestro verdadero ser.

Al estar en contacto con los otros recibimos su influencia, eso no tiene duda. Sería inútil pretender que cada persona construyera de manera absolutamente individual su identidad; eso no solo es imposible sino muy poco práctico. Necesitamos a los demás, ellos nos han hecho bien, nuestra vida se ha visto muy enriquecida por aquellos que nos han querido, nos han cuidado. Hemos aprendido muchas cosas de los otros; incluso, de algunos que pasaron esporádicamente, pero aportaron algo bueno. Puede que nunca lleguemos a recordar claramente algunas de esas personas o que no alcancemos a reconocer la magnitud de su influencia en nuestra vida. Sin embargo, hay que saber que nuestra historia es el fruto de muchas interacciones, relaciones y enseñanzas de las más variadas personas.

La educación que recibimos no es únicamente los títulos que tenemos ni las clases que tomamos en aulas y academias. Es, especialmente, el conjunto de aprendizajes que construimos intencionalmente y que nos dan hoy identidad, capacidad, competencia y talentos para asumir la vida que hemos elegido. Somos el resultado de todas esas influencias y aportes. Esas formas que aprendimos son el cauce por el que se fueron desarrollando nuestra identidad y personalidad, y tenemos que reconocerlas para poder construir también hacia el futuro.

Ahora bien, hay que aclarar que no somos solamente receptores. Es decir, también somos nuestras reacciones ante la educación que recibimos. También somos los acuerdos y desacuerdos con nuestros padres, las semejanzas y distancias con nuestros hermanos, los gustos compartidos con nuestros amigos y esas cosas que jamás pudimos disfrutar, aunque para los demás resultaran geniales.

Es trágico cuando el sistema educativo, la familia, la religión, conciben al ser humano como un mero recipiente de conocimiento que luego lo repite y lo utiliza tal como le fue entregado. Cada uno de nosotros es también su capacidad de dudar, de pensar con criterio propio. De ahí que, como he dicho antes, la mejor formación que podamos recibir es la que nos prepara para cuestionar lo recibido, discernir, pensar con profundidad y elegir lo mejor para nosotros, o, en el mejor de los casos, construir lo mejor de nosotros.

Lo ideal es llegar a un punto en el que las cosas de fuera que integremos a nuestra forma de ser pasen antes por nuestra decisión, filtro y aprobación. Llega un punto en el que no vale la pena seguir asumiendo como propias las cosas ajenas, ni usando las formas de los otros para conseguir que nos quieran o nos acepten. Ese momento es ahora.

ENTRE EL DISFRAZ Y LA VERDAD

En los primeros días en que fui maestro universitario, la evaluación de nuestro desempeño como docentes solo la hacían los directivos y algunos pares, pero luego la valoración del trabajo comenzaron a hacerla también los estudiantes. Esta me parece la mejor de las opciones, pues los estudiantes tienen derecho a recibir una educación de calidad y su mirada sobre las clases tiene mucho que aportar a los maestros. Además, porque estoy convencido de que los mejores maestros son aquellos que continuamente revisan sus prácticas, que no se quedan estancados en lo que alguna vez aprendieron, sino que una y otra vez se preguntan quiénes son esos que tienen en frente, para poder responder mejor a sus particularidades y características. Pero esto derivó en una disyuntiva para los profesores: cada uno de nosotros debía escoger entre convertirse en el "profe cuchilla" y ser juzgado como incomprensivo o intolerante, o convertirse en el "profe bacán", que no exige, no presiona, no deja tareas y estira los plazos con tal de ser bien evaluado y no poner en riesgo su empleo como catedrático. Tal vez no sea la realidad de todas las universidades, ni de todos los maestros, pero sé por experiencia que muchos de los educadores se sienten presos de esa tensión entre ser buenos maestros o ser solamente maestros agradables. Benditos aquellos que han encontrado el camino del medio, que han sabido formar y a la vez tener un impacto en los estudiantes; no es tarea fácil.

A los padres, a los amigos, a las parejas, les sucede lo mismo. No porque tengan una evaluación de desempeño, sino porque no siempre están dispuestos a poner en riesgo el afecto por decir lo que piensan de las personas. Muchos padres hoy en día están dispuestos a todo con tal de evitar el conflicto con los hijos, y hacen una serie de concesiones en las relaciones que tienen para no perderlas, para no estar en roce permanente. Me parece que hoy el mundo padece de una alergia generalizada al conflicto. Le tenemos miedo al "drama", esa palabra con la que de un tiempo para acá se califica todo comportamiento en el que se expresa una realidad interior en lugar de guardársela en silencio. El problema de esto es que estamos dejando de cumplir nuestro papel. En el caso de los padres, por ejemplo, están dejando de ejercer ese papel fundamental que consiste en enseñar a los niños la necesidad de los límites y de aprender a sobrevivir a la frustración de que no todo es como queremos. El resultado es el que ya sabemos: un imperio de pequeños tiranos de 8 años incapaces de escuchar la palabra NO.

También las relaciones de amistad pasan por ese desafío. Como amigos, tenemos que decidir muchas veces si ser sinceros y retroalimentar al otro o hacer la mirada a un lado y callarnos lo que pensamos para no perder su amistad. Realmente nos hemos vuelto demasiado exagerados con esto del drama, ya nadie quiere oír nada que le disguste, y, sin embargo, muchos esperan poder imponer sus modos a los demás. Ahí aparecen de nuevo los disfraces, el camuflaje, la máscara.

Recuerdo que en una de las primeras películas de Harry Potter al pequeño Neville le dan unos puntos cuando enfrenta a sus amigos, porque "se requiere valentía para enfrentar a nuestros adversarios, pero mucha más para enfrentar a nuestros amigos". No creo que las relaciones de amistad deban ser un permanente cara a cara de opiniones. Tampoco creo que haya que contrastar todo lo que pensamos con nuestros amigos para decidir si hacemos x o y. Sin embargo, yo, en lo personal, sí espero que mis amigos tengan la autenticidad y el cariño suficiente para mirarme a los ojos y hacerme notar cuando me estoy equivocando. Yo procuro hacer lo propio con la gente que quiero. Ahora bien, hay que saber cuándo y cómo hacerlo. Tampoco vamos a pasarnos la vida diciéndole cosas a los demás, como si hubiéramos nacido para evaluarlos a todos o como si la relación con el otro fuera una auditoría constante. Querer también implica, de vez en cuando, guardarnos para nosotros algunas de las cosas que pensamos, y de esa manera cuidar el corazón de ese que queremos.

Además, como ya lo hemos dicho, no todo es un asunto de vida o muerte, y hay muchas de las cosas que pasan con los otros que pueden dejarse pasar simplemente porque no son importantes. En esa dinámica entre una cosa y la otra, entre saber cuándo hablar y cuándo callar, podemos darnos el permiso para ser sinceros y auténticos la mayor parte de las veces, pero también, como no, para saber camuflarnos ocasionalmente. Al menos hay dos razones para esto: la primera, porque hay mil cosas más interesantes qué hacer que pasarnos el tiempo revisando la vida de los otros. Y la segunda, y quizá la más importante, porque muchas veces esos otros no nos han pedido nuestra opinión.

En uno de los primeros carnavales que viví en Ciénaga me invitaron a hacer parte de una comparsa. Todos debíamos disfrazarnos para ir por las casas montando alguna parodia y haciendo reír a la gente. Lo intenté, pero no me sentí cómodo, no pude disfrutarlo y no me fue posible hacer el recorrido completo porque ni estaba haciéndolo bien ni estaba pasándolo bien. Ahora que vivo en Bogotá, una ciudad que se enloquece con los disfraces a finales de octubre, en la que, en los bares, las discotecas, pero también en las oficinas, las personas se disfrazan para Halloween, he podido constatar que jamás me he sentido cómodo con los disfraces. Y eso, de manera metafórica, en el terreno en el que venimos hablando, me ha traído muchas dificultades.

Es muy delgada la línea que separa la sinceridad del cinismo, la prudencia de la hipocresía, la sensatez del temor. Para mí, una vida interesante es la de aquel que logra caminar como equilibrista sobre esa delgada línea sin renunciar a la anhelada autenticidad y sin herir a los demás. **La libertad interior pasa por reconocer en nosotros mismos los límites que tenemos a la hora de relacio-**

narnos e interactuar con los demás. Debemos tener claras las
cosas que toleramos, aunque no nos gusten, las que no estamos
dispuestos a tolerar, las que consideramos ofensivas, y claro, las
más importantes, las que nos llenan de dicha y nos hacen sentir
queridos y valorados. Tener eso claro nos ayuda a tejer relaciones
sanas, que nos realicen, que nos ayuden también a funcionar.

EL IMPERIO DE LA OPINIÓN

Todos conocemos a una de esas personas que creen que autenticidad
y libertad es expresar todo lo que pasa por su mente, sin ningún tipo
de filtro, sin ningún tipo de ejercicio de selección sobre lo que debe
y lo que no debe ser dicho. Son personas que demandan una enorme
paciencia de parte de los que los rodean o una gigantesca capacidad
de hacer oídos sordos a sus opiniones permanentes. Se presentan
como personas libres y sinceras, cuando en realidad son hirientes y
muchas veces insensibles, y tienen muchas dificultades para comprender el efecto de sus actuaciones o sus palabras en los demás.

Tal vez el imperio de la opinión en las redes sociales ha dado
licencia a que muchos, que jamás se comportarían así con los que
tienen a su lado, se dediquen en el mundo virtual a criticar, denigrar
o simplemente descalificar todo lo que ven y lo que leen. En ese
mar de letras que es el Twitter, por ejemplo, es difícil identificar
la información valiosa, la opinión interesante —estemos o no de
acuerdo con ella— y las ocurrencias inteligentes de las oleadas de
crítica, insulto y ofensivas. Es un escenario en el que las personas
se dan permiso de traspasar todos los límites, es un carnaval de
la burla, pero no para pasarla bien, sino para acabar con la mayor
cantidad de personas que se pueda.

Pienso en los que se encuentran detrás de esos teclados, con su
indiferencia ante la dignidad de los otros, listos para disparar sus

ataques. ¿Qué personas serán? ¿Qué habrá pasado con ellas para que consideren valioso el tiempo que pasan respondiendo a todo lo que ven? ¿Tendrán otras pasiones o será precisamente la ausencia de ellas lo que las tiene allí pendientes de gente a la que dicen odiar? En últimas, no podemos resistirnos a lo que viven las personas en su interior, no al menos los que hemos optado por una vida en la que los otros son el destino del servicio que queremos dar. Creo que algunos de mis *haters* y de los tuyos en realidad son personas que necesitan algo de lo que podríamos darles, algo que les haga bien, que los emocione con la vida, que les transmita una buena noticia. Y honestamente espero que eso pueda darse, pues siempre será preferible responder a la necesidad que a la rabia.

Decir "MVM" no es una manifestación de desconexión con esa porción de seres humanos que han elegido esconderse detrás de la ira o de las palabras agrias. Es una manera de blindarse ante el efecto de sus reacciones, una vía para mantener la integridad y la serenidad necesaria para poder servirles a pesar de ellos mismos y en el mismo instante en que se dé la oportunidad. Lo peor que podemos hacer es permitir que nuestra esencia se pervierta como resultado de la interacción con personas odiosas o egoístas, sean ellas cercanas o distantes. Lo mejor de nosotros no puede irse a la basura por la irritación de los demás o por sus equivocaciones. Al contrario, decir "MVM" significa que me valoro tanto y valoro tanto al otro, que no voy a arriesgar mi corazón, lo más sagrado de mí, por prestar atención a las opiniones que se hacen sin pensar. Significa también que voy a encontrar el punto justo entre manifestarle al otro lo que me causan sus actuaciones para que pueda mejorar y aislarme de las opiniones que me dañan.

Siempre hay que cuidar lo más sagrado de nosotros mismos. Las decisiones más importantes que he tomado en mi vida tuvieron que ver con ser capaz de escuchar con profundidad mi interior, defender mi identidad, salvaguardar mi vocación fundamental y cuidarme de imponer a los otros mi visión de la realidad. La posibilidad de la libertad tiene que ser a su vez la posibilidad de la convivencia. Hay que saber estar juntos, saber acompañarnos, saber respetar que el otro tiene particularidades. Hay que entender que no necesitamos que el otro sea igual a nosotros y que, por el contrario, es la diversidad la que nos nutre y nos ayuda a conocernos, pues nos expone ante lo distinto, ante lo diferente.

Si en el pasado has padecido del "síndrome del camaleón", si has pasado de una forma de vivir a otra, de unos gustos a otros, siempre copiando de otros y asemejándote a ellos, incluso sin darte cuenta, es hora de que tomes en serio la búsqueda de tu propia identidad. Te invito a que te mires una y otra vez tanto al espejo como interiormente, que te permitas ser en medio de la diferencia, que no busques que los otros sean como tú y que tomes las medidas necesarias para poder conocerte. Tal vez detrás de todas esas adaptaciones que has hecho se esconde un rechazo hacia ti mismo, el cual debes trabajar. Aún estás a tiempo. La vida es una constante oportunidad por descubrirnos y entendernos a nosotros mismos, es una posibilidad de quitarnos los disfraces, de sacudirnos el camuflaje y atrevernos a mostrar nuestro verdadero rostro, nuestro verdadero ser.

CAPÍTULO 7

Las formas de la dependencia

Solo puede decir "MVM" quien se resiste a entregar el control de su vida a otro.

Nunca he entendido la vida sin libertad. Cuando niño quería crecer para no depender de las decisiones de los mayores que estaban a mi alrededor. Quería poder definir qué hacer con mi vida. No me gustaba recibir órdenes una y otra vez, a veces sin entender ni por qué ni para qué. Lo mismo me ocurrió en mi anterior ejercicio presbiterial: muchas veces me vi cuestionado por la promesa de obediencia que había hecho y que implicaba enfrentarme a situaciones que no me parecían lógicas ni inteligentes.

No concibo la vida sin la posibilidad de ser yo mismo quien decida mi destino. De hecho, soy cristiano porque encuentro en la historia de la salvación a un Dios que no impone nada, sino que propone vivir desde la libertad y para eso nos da el control de nuestra vida. La formación académica, el aprendizaje emocional, las experiencias vividas, la madurez cronológica y psicológica nos deben llevar a ser dueños de nuestra existencia, a llevar el timón, a saber qué queremos, cómo podemos lograrlo y hacerlo conscientemente.

Por eso es necesario evitar construir nuestros proyectos como subordinación de los intereses de otros. Tenemos que esforzarnos por entender que nuestra vida está en nuestras manos para que la elaboremos a nuestra medida, siguiendo nuestras intuiciones, nuestros principios y valores. Hacemos nuestra vida en una relación respetuosa y colaborativa con los otros, pero entendiendo que no podemos depender de nadie, sino que debemos ser autónomos e independientes, o autodependientes, en la mayor medida posible. Esto es, entendiendo que vivimos en un sistema social en el que todos estamos interrelacionados y que es necesaria una cierta interdependencia. Pero cuidado: interdependencia no es dependencia. La sociedad de hoy nos impulsa a lo segundo todo el tiempo. Se depende de la moda, de la opinión de los medios y de las redes, de los productos que la tendencia consumista nos impone. Por eso no es de extrañar que haya muchas personas con miedo a dirigir su propio proyecto de vida y que busquen otras personas que garanticen el éxito del proyecto que realizan.

En mi trabajo diario con personas he identificado que la dependencia se da comúnmente en dos manifestaciones aparentemente contrarias pero que terminan siendo lo mismo. Estas son dos posturas que se deben evitar. Las expongo a continuación.

1. El *mantenío,* el que vive de lo que otros le "regalan"

La autonomía o autodependencia se da cuando uno utiliza sus propios recursos para realizar su proyecto de vida. Cuando hablo aquí de recursos me refiero a todos esos insumos que se requieren para realizarnos como personas y alcanzar los objetivos que nos hemos propuesto, los cuales se ganan y consiguen con nuestras fuerzas y capacidades. Se trata de valernos por nosotros mismos en todas las dimensiones de la vida, aun manteniendo relaciones de interdependencia con los demás.

Nos encontramos a menudo con personas que se acostumbraron a vivir a la sombra de alguien, a extender su mano para conseguir alguna migaja que los ayude a sostenerse en la vida, a depender de las decisiones de los demás para saber qué hacer, a construir proyectos que no les pertenecen y no los realizan. En el Caribe colombiano usan una expresión muy fea para designar a este tipo de personas: "El *mantenío*" (así, sin d).

Es muy probable que estas personas hayan aprendido a vivir así desde el proceso de su crianza. De pronto tuvieron unos padres que les proveyeron todo y les hicieron creer que por sí mismas no podrían obtenerlo. Tal vez les enseñaron a esperar que otros les resolvieran los problemas de la vida y nunca aprendieron a tomar decisiones autónomas. Así crecieron, creyendo que es normal depender de las decisiones y acciones de otros.

Por eso pienso que el proceso de crianza debe tener como objetivo que los hijos se conviertan en seres autónomos. Siempre cuento que cuando le dije a mi mamá que no quería seguir ejerciendo el ministerio presbiterial y le pregunté qué opinaba, ella, incluso siendo una mujer muy creyente, me dijo: "Si a tus 50 años te tengo que decir qué debes hacer en tu vida, entonces me quedaste muy mal criado". Sí, ella entendió que el orgullo de un padre que cría es ver a su hijo desarrollar con autonomía su proyecto de vida.

También la dependencia de estas personas puede ser consecuencia de una baja autoestima y una baja autoeficacia, las cuales no les permiten amarse y creer en sus capacidades. Como resultado, estas personas se ponen a expensas de los proyectos y empresas, existenciales o materiales, de los otros. Al no creerse dignos de amor ni capaces de solucionar problemas por sí solas, terminan generando una actitud de sometimiento, de dependencia, que las lleva a mendigar amor y los recursos que necesitan para subsistir.

En otras ocasiones se trata de personas que han generado un inmenso miedo al fracaso. Tal vez por experiencias mal procesadas de frustración se han vuelto inseguras y no quieren enfrentarse a la posibilidad de volver a fracasar. Lo cual las lleva a esconderse tras la responsabilidad de otras, pues prefieren que otras asuman las consecuencias. Es como si necesitaran "muletas" existenciales para trabajar y salir adelante.

La dependencia se manifiesta en todas las dimensiones de la existencia. Algunas veces al mismo tiempo y otras veces en un área específica de la vida. Esto se da en personas que son independientes y dueños de sí mismas para unas cosas y para otras dependientes totales de las personas que están a su alrededor.

Veamos algunas de esas dependencias...

Dependencia laboral. Se da, por ejemplo, cuando una persona no cree que tiene capacidades para iniciar un emprendimiento y prefiere estar empleado en las condiciones que sea, así sean las peores, en vez de construir su propio proyecto. Conozco gente talentosa que termina subordinada a personas con menos talento, pero con más fuerza para decidir y enfrentar los riesgos de los negocios. Es como si el título que recibieran en la universidad fuera el de empleados y no el de expertos en alguna área del saber o de la técnica.

Dependencia económica. Muchas veces tiene que ver con la anterior, pero no siempre. En cualquier caso, la persona percibe que los recursos que recibe son la expresión de la magnanimidad del señor o señora de la cual se depende, nunca como una ganancia personal, fruto del esfuerzo, sino siempre como un regalo a pesar de su supuesta incapacidad y de los supuestos errores que haya cometido.

Dependencia afectiva. Se da cuando, por ejemplo, se construyen relaciones de pareja en las que la felicidad del uno depende de la presencia, aprobación, reconocimiento y afecto del otro. Emulan la estructura del sistema solar: giran, gravitan en torno a un sol (el otro) que lo es todo, lo puede todo y sin el cual no pudieran vivir. En mis libros *No mendigues amor* (Editorial Diana, 2013) y *Sin libertad no hay amor* (Editorial Diana, 2014), expongo con más detenimiento las características de estas relaciones y todo el daño que causan. Pero por ahora quiero que quede claro: no podemos depender del amor de nadie para ser felices. No somos la media naranja de nadie. No es verdad que si la otra persona nos deja, nuestra vida fracasa y no podremos realizarnos. Nadie es imprescindible en nuestra vida afectiva. Tampoco podemos caer en la dependencia sexual. La sexualidad es una realidad creativa que debe dignificar y nunca envilecer, quitar valor ni autonomía. Son muchas las experiencias de personas que construyen su vida alrededor de una pareja que las usa, las despersonaliza y termina dejándolas, casi como para recordarles que ellas son responsables de su vida. Esto no puede ser. Necesitamos construir un proyecto de vida en el que seamos conscientes de que la posibilidad de ser felices depende de nosotros.

Dependencia religiosa. Es lo que padecen aquellos que deciden poner en manos de un director espiritual la responsabilidad de dirigir su vida. Van a consultarle todo para que sea él quien decida qué debe o no debe hacer. A veces esto empata con prácticas de religiosos que someten a los fieles y les arman cuadros casuísticos para decirles exactamente qué tienen que hacer. No les dejan libertad para pensar nada. Ante esto pienso que ninguna experiencia religiosa que le quite la libertad a los creyentes puede ser buena. Muchas veces en el confesionario, ante la insistencia de algún fiel, debí decir: "Lo lamento, es su vida, y el que tiene que decidir es usted". La orientación, el acompañamiento espiritual, jamás debe significar una suplantación de la voluntad. Somos libres y Dios nos dio la libertad, nadie nos la puede quitar.

Alguien pudiera preguntarse ¿Qué hay de malo en eso? ¿Dónde está lo equivocado de esta manera de vivir? Es obvio que cada quien puede vivir como quiera, pero también son claros los riesgos de vivir de esa manera. La gran tragedia de esto es que el control de nuestra vida queda fuera de nosotros, en unas manos distintas a las nuestras. Eso implica que debamos asumir las consecuencias de las decisiones del otro, la frustración de encontrarnos con intereses y valores bien distintos a los nuestros y la imposibilidad de acceder a lo que necesitamos en el momento oportuno, pues es el otro quien decide. Poner el control fuera de nosotros nos hace incapaces de decidir nuestra felicidad. Nos deja supremamente vulnerables a la opinión, intereses, miedos y deseos de la persona que nos controla. Y no hay nada más triste que querer y no poder, lo cual le sucede al que vive su vida en dependencia total de otro; su querer está siempre al servicio del querer ajeno.

Estas relaciones son complementarias: una persona dependiente se encuentra con otra que se cree imprescindible. Su codependencia se retroalimenta con dinámicas de vida muy cotidianas y efectivas entre "el imprescindible" y "el dependiente". Se desarrollan rutinas y tácticas que se reconstruyen diariamente en la relación simbiótica que tienen. Señalo tres de las maneras más comunes en que estas dinámicas se refuerzan:

a) La validación. "El imprescindible" le hace creer al dependiente que sin su reconocimiento nadie más lo valorará. Dice cosas como: "¡Nadie te va a valorar como yo te valoro!", "¡Soy quien más te aprecia!", "¡Mientras todos te desprecian yo te valoro!". Así se refuerzan su papel y su poder sobre el otro.

b) La crítica destructiva. "El imprescindible" es duro en la crítica; en cada oportunidad destruye la autoestima de la otra persona, no hay ninguna evaluación que dé algo positivo. A sus ojos, al dependiente le faltan recursos, habilidades y posibilidades para realizarse. Por eso, "el imprescindible" cree que debe ser él quien se las provea. Así asegura que el dependiente nunca se decida a intentarlo por sí solo, pues se le sigue reafirmando la idea de que él solo no puede.

c) La complacencia. "El imprescindible", por momentos, le da todo al dependiente. Le brinda placer, lo felicita, lo aplaude. Así asegura que al dependiente le quede claro que a su lado siempre conseguirá lo que quiera y podrá ser feliz. Son momentos que contentan al dependiente y lo aseguran en la relación, pues piensa que ese placer lo consiguió gracias a la generosidad de alguien que lo "ama" mucho.

En el fondo, el mensaje de estas prácticas es: "Sólo serás feliz si el control lo tengo yo, ya que sé cómo manejarte y cómo ayudarte a realizar todos tus sueños". No me extraña que en el dependiente se genere eso que Erich Fromm presentó como "miedo a la libertad". Se sumerge en el imperio de los "al menos", de esa actitud conformista con lo que tiene y puede, aunque realmente merezca más y pueda lograr más. Está convencido de que, solo, no podrá alcanzar nada, será infeliz. Por lo menos, siendo dependiente, tiene algo.

En resumidas cuentas, la dependencia es un muy mal negocio. Todo lo que se reciba del otro es menos que la posibilidad de controlar la vida y saber para dónde se quiere llevar. Cualquier placer que nos genere vivir dependiendo de otro debe confrontarse contra la incertidumbre de lo que el otro decida y quiera. Lo que está en juego es la felicidad y ella vale más que todo lo que nos puedan dar cuando estiramos la mano como unos limosneros. Es por eso que la libertad interior que propongo aquí no cabe en la misma línea con esa manera de vivir. La libertad interior exige que cada uno sea lo suficiente autónomo para dirigir su vida.

La felicidad no es amiga de la resignación. Es una forma de vivir que exige desafíos, retos que nos hagan arriesgarnos a nuevas conquistas, desarrollarnos y vivir a la altura de nuestro potencial. El que se conforma con lo que vive y se escuda en el "al menos" no puede ser feliz porque no está rompiendo las cadenas de la dependencia. Hacerlo es la tarea de todo aquel que quiere disfrutar su vida a plenitud.

2. El *showman*, el que vive por el aplauso de los demás

En el otro extremo está el *showman*, ese que vive por y para el aplauso de los otros. Aquel que ha logrado todos los objetivos que otros han trazado por él y vive para descrestarlos, para demostrarles lo valioso que es. Si lo pusieran a elegir cómo hacer su vida, no haría lo que está haciendo con tanto éxito. Es exitoso en lo que no quiere, pero vive de la adulación de la gente. Es también un dependiente, pues pone el control de su vida fuera de sí.

Conozco muchas personas que hoy están deprimidas porque hicieron de su vida algo que no querían, y por eso, aunque fueron exitosas, hoy no le encuentran gracia a nada y prefieren rumiar sus descontentos por lo vivido. Envejecieron sin decidir nada en su vida, sino que hicieron lo que otros querían. Se quedaron atrapados en la dinámica del éxito que siempre les pidió más y más pero nunca les permitió realizarse desde sus más profundos sueños.

La razón de ser de nuestro éxito tiene que estar en nuestras convicciones y principios, en lo que hemos descubierto como esencial en nosotros, en lo que nos define y nos hace ser quienes somos y no otra persona. El éxito no puede ser fruto de lo que los otros piensan y opinan ni mucho menos de la imposición de los más fuertes. Realizo un proyecto no porque los otros quieren sino porque en él llevo a plenitud lo que soy. El verdadero éxito es el que surge de lo que hacemos desde el ser, desde lo que somos, desde nuestro interior.

Recuerdo que una de mis frustraciones de tío primíparo fue cuando mi sobrino Alberto Carlos me dijo que no quería salir de mascota del Unión Magdalena. A mí solo me había faltado eso como hincha del equipo samario y apenas mi sobrino tuvo 5 años lo vestí con el uniforme azulgrana, me valí de mis relaciones con el equipo y le pedí a Carlos Mario Vilarete, el goleador de esa época, que lo llevara de la mano cuando el equipo saltara al campo de juego. Creí que mi sobrino sería feliz por eso, pero ¡qué va! Él, mostrando su carácter, un día me miró a los ojos y me dijo que eso no le gustaba. Lo sufrí en el momento, pero luego di gracias porque mi sobrino era alguien que sabía que en la vida se hace lo que uno quiere y no lo que los otros imponen. Sabrá vivir su propio éxito y no el que le impongan desde fuera.

En la sociedad de las redes sociales, muchas personas viven, trabajan y luchan diariamente buscando la aprobación y el aplauso de los demás: quieren tener éxito. Hacen lo que sea con tal de recibir un número significativo de "Me gusta" en sus publicaciones, sin importar si ponen en riesgo su vida o si hacen el ridículo, sin importar si ese proyecto en el que están embarcados está alineado con sus deseos más profundos o sus habilidades. Lo único que les interesa es que el mayor número de personas los vean y los aprueben. Quieren recibir la aprobación del público para el que viven y harán lo que deban por un aplauso, por un comentario de aprobación.

Aunque sean personas capaces y con decisiones firmes, no podrán ser verdaderamente felices porque están expuestas a la inestabilidad de la emoción y la aceptación de los espectadores, que siempre son muy difíciles de comprender y algunas veces muy ilógicos. La misma razón por la que hoy nos aplauden puede ser la misma por la que mañana nos desprecien, ya que la dinámica de las redes es muy visceral y corresponde a intereses marcados por el mercado y no por la verdad o la bondad.

La tragedia es que eso no da felicidad. La satisfacción que otorgan esos *likes* es pasajera y superficial. Las personas que buscan una reivindicación permanente son tan dependientes como los *manteníos* que mencioné anteriormente, ya que no pueden controlar su vida y se vuelven esclavos de los demás. Entregan el control de sus vidas a otros. Están a merced del siempre volátil gusto humano. Esto las lleva a no disfrutar su éxito, a no sentirse plenas con los triunfos que obtienen y a no vivir para ellas mismas sino para los demás. Por eso no me extraña que algunos de los llamados *influencers* terminen deprimidos y con cuadros de trastornos emocionales.

Todos queremos ser exitosos, sí, pero no puede ser a cualquier precio ni por cualquier razón. Hay que saber qué queremos hacer con nuestra vida y trabajar por objetivos que tengan sentido para nosotros. El éxito verdadero es descubrir nuestra esencia y plasmarla en obras bien construidas, alineadas con nuestros principios y verdades fundamentales.

CAPÍTULO 8

Hay gente que se irá… déjala ir

Solo puede decir "MVM" quien no impone su criterio como norma absoluta ni se deja imponer el criterio de otros.

Este capítulo no es una invitación a entablar relaciones inestables, pasajeras, de esas que tienen fecha de vencimiento desde antes de haber empezado. Creo que el afecto requiere unas dosis muy generosas de cuidado y nutrición emocional. Así debe ser para que el vínculo con los otros perdure, crezca y a los involucrados les haga bien. Sin embargo, es necesario y sano entender que la presencia de la otra persona en nuestra vida no depende enteramente de nosotros, y que debemos estar listos para que alguien que hoy está, mañana decida no estar. Debemos aceptar esto sin sentirnos heridos ni destruidos, comprender que las relaciones tienen ciclos y procesos.

La vida hay que vivirla asumiendo las características reales de cada situación, evitando que nuestros sueños y nuestra capacidad de idealizar las personas y las situaciones nos hagan imaginar proyectos eternos, perfectos, que no existen porque nuestra condición humana es finita y contingente. Esto implica comprender que no todas las personas van a estar en nuestra vida para siempre y que eso no tiene por qué ser un empujón hacia el sinsentido, sino un trampolín a vivir humanamente, más humanamente.

La existencia humana es coexistencia. Siempre estamos en relación con los otros. No podemos aislarnos de ellos, nos necesitan y los necesitamos para poder realizarnos, para hacer que nuestro proyecto de vida sea exitoso y podamos ser plenos. Nuestra estructura es dialógica en todas las dimensiones de la vida: comunicación, amor, amistad, trabajo, etcétera, y por tanto exige siempre la relación con los demás. El otro es nuestro límite y algunas veces nuestro contradictor, pero también es nuestra posibilidad de crecer, de ser más. Sí, el otro siempre se presenta como una gran oportunidad de conocernos más y mejor, de enriquecernos en la diferencia, de complementarnos y apoyarnos. Existir es estar en relación.

Quien quiera ser feliz tendrá que aprender a sostener relaciones en las que sepan equilibrarse la autonomía y la interdependencia. Debemos aprender a ser dueños de nuestros proyectos siempre en relación respetuosa, sinérgica, servicial y colaborativa con los demás. Construir la vida en autonomía significa, también, construir relaciones sanas y colaborativas, solidarias y serviciales con los demás. Así son nuestras relaciones cuando nos sentimos libres y nos responsabilizamos de nuestra existencia.

LAS RELACIONES COMO FUENTE DE FELICIDAD

Estoy convencido de que la felicidad depende en gran parte de la calidad de nuestras relaciones interpersonales. Nadie será feliz si tiene relaciones marcadas por los conflictos irresolutos, por las agresiones y la mala comunicación. Es necesario construir relaciones que nos hagan crecer y desarrollarnos en todas nuestras dimensiones.

Una relación que nos hace crecer es aquella que por lo menos tiene tres características: es respetuosa, funcional y emocionante. Veamos estas características en detalle:

Características de una relación sana

1. Es respetuosa. El respeto es el reconocimiento de que la otra persona tiene la misma dignidad que yo por el simple hecho de existir. No importan sus características, sus opciones, sus preferencias; solo por el simple hecho de existir tiene la misma dignidad que yo. Esto es muy difícil de comprender en una sociedad acostumbrada a establecer jerarquías de acuerdo con los papeles que cada quien desempeña en la sociedad, su poder adquisitivo, sus títulos universitarios, etc. Sin embargo, hay que tener esto claro: somos diferentes, pero no desiguales.

Todos tenemos la misma dignidad, sin importar nuestra militancia política, preferencia sexual, profesión de fe, condición social o características culturales. Reconocer esto es respetar a los demás e implica ser capaces de tener actitudes y comportamientos en los que toleremos a cada persona y no intentemos cambiarla ni convertirla a nuestra manera de ver y hacer. Son difíciles actitudes y comportamientos en una sociedad acostumbrada a homogeneizar y uniformar, que ve al diferente como anormal, raro, enfermo y necesitado de nuestra acción benevolente que le ayude a sanarse.

Una relación ayuda a crecer cuando ninguno de los que participa en ella tiene el objetivo de convertir al otro en alguien distinto a quien es. Las relaciones respetuosas se dan desde la autenticidad y la valoración de la singularidad, sin escondidas intenciones de "ayudar" al otro a ser mejor ser humano. No debemos intentar cambiar a nadie. Cada uno es lo que es y entendiendo esto es como nos debemos relacionar con los demás.

He vivido en espacios religiosos donde se vive con la convicción de que quien no profesa nuestro propio credo está perdido y necesita ser convertido. Y con todas las fuerzas del corazón, y tal vez con buena intención, se busca que crea en lo que nosotros creemos para que pueda realmente ser feliz. No creo que esa sea la mejor actitud para convivir en medio de la diferencia, no creo que corresponda a un mundo cocido por los hilos del pensamiento posmoderno y de la tecnología. Entiendo que uno no abdica de lo que cree —esa es la base sólida para poder construir la vida—, pero no creo que tengamos que violentar al otro para que acepte lo que nosotros tenemos como una verdad absoluta. Si algo me hace ser creyente y militante de la propuesta existencial de Jesús de Nazaret —que está expresada en los testimonios teológicos del Nuevo Testamento— es que Jesús hace una propuesta, no se impone a nadie. Él nos acepta tal cual somos y nos propone algunas opciones que podemos aceptar o no.

Ni en nombre de la religión se puede pretender que los otros sean como nosotros los hemos soñado o como nuestro credo los define; tenemos que ser respetuosos en todas las dimensiones de la vida. Nada más violento que pretender hacer al otro igual a nosotros. Nada más violento que no entender que somos únicos e irrepetibles, y que no tenemos que parecernos a nadie.

Aprender que el otro no es anormal porque no piensa como nosotros, no tiene el mismo origen o no tiene mis propias preferencias sexuales me ha enseñado a ser más respetuoso y más libre interiormente. He entendido que yo no soy responsable de que el otro sea como yo, él es responsable de ser quien es. Se requieren relaciones en las que cada uno pueda expresar libremente su esencia sin que nadie —con comentarios, juicios, actitudes, presiones— lo empuje a ser nada distinto.

Toda relación debe está marcada por el respeto. No podemos permitir que NADIE nos pretenda cambiar con buenas, malas o irregulares intenciones. Quien quiera tener una relación con nosotros tendrá que aceptarnos tal cual somos. Esto no es fácil; la diferencia nos genera miedos y por eso buscamos la uniformidad, para sentirnos protegidos. Y es especialmente difícil en las relaciones afectivas, porque las personas que amamos siempre son diferentes en la realidad a la idealización que hacemos de ellas y que nos permitió aproximarnos con intenciones de construir una relación. Pero el amor de verdad es siempre respetuoso. El amor ama lo que el otro es, no lo que *puede* ser.

Hay que tener cuidado con las estrategias de manipulación con las que algunos buscan que seamos y actuemos como ellos quieren; eso es irrespeto y no se puede tolerar. Muchos de los sufrimientos de hoy nacen de querer que los otros sean como no son y que quepan en los mismos paradigmas que nos gobiernan y nos hacen actuar a nosotros. Amar —en cualquiera de sus dimensiones— tiene en el respeto la piedra angular sobre la que se construye la relación. Una relación en la que tengamos que posar, usar caretas y en la que nos dé miedo ser quienes somos es una relación tóxica y no nos hará felices. Hay que ser libres entendiendo que los otros son lo que son.

2. *Es funcional*. Es decir, nos aporta y genera una razón práctica que inspira e impulsa constantemente la relación. No digo que esta tenga que ser productiva, pero sí funcional. Esto es, no es que detrás de toda relación tenga que haber una ganancia material o económica, pero sí tiene que aportar algo positivo, porque toda relación aporta algo, pero puede ser algo tóxico: desespero, miedos, inseguridades, conflictos, violencia y cualquier otra gran cantidad de malestares. **Las relaciones funcionales son aquellas que nos permiten sentir que la relación que sostenemos nos hace crecer, nos hace vivir algo que nosotros solos no viviríamos.** Podríamos decir que en vez de aportar terminan quitando paz, armonía, serenidad, u obstaculizan el uso de algunas herramientas sociales y emocionales para nuestro quehacer diario.

¿Qué me aporta esta relación? Esa debe ser la pregunta continua que nos hagamos. No se puede vivir en piloto automático. La salud emocional implica preguntarnos por qué y para qué estamos en las

relaciones en las que estamos. No se puede sostener relaciones por sostenerlas, sin ser conscientes de lo que nos aportan. Ahora, está claro que no hay ninguna relación que sea absolutamente funcional, eso implicaría que la construyeran seres perfectos, que, obviamente no existen. Esto es, todas las relaciones nos aportan experiencias positivas y experiencias negativas en algún momento. Pero está claro que las que nos ayudan a crecer son aquellas que nos ofrecen más material para ayudarnos a ser libres y a estar mejor.

Insisto en que esa evaluación la tenemos que hacer constantemente. Tenemos que ser capaces de hacer un balance constante de lo que están aportando las relaciones y darnos cuenta si realmente es más lo positivo que lo negativo. Una relación que solo genere conflictos y que no nos permita ser debe ser cuestionada y, si lo decidimos así, terminada.

Una relación funcional es aquella en la que tenemos claros nuestros papeles y responsabilidades, donde los limites estén claramente demarcados y asumidos, donde somos más al sumarnos al otro sinérgicamente, donde sentimos que estamos aportando lo mejor de nosotros, donde tenemos una comunicación eficaz, complementariedad explicita y coordinación efectiva. Por el contrario, una relación de pareja que no sea funcional está condenada al conflicto y a la ruptura.

Esto es especialmente cierto en las relaciones de pareja. Estas deben tener una visión y una misión claras y concretas. El equipo que forma una pareja debe generar dinámicas de complementariedad en las que los dos sientan que como pareja son más de dos. Todas las dimensiones de la existencia se deben sentir impulsadas por la presencia del otro. La pareja no puede ser un obstáculo para el crecimiento individual.

También deben ser funcionales las relaciones con los amigos. Ellos aportan lo que otras personas no pueden o, simplemente, no quieren aportar. Nos sentimos apoyados, ayudados, inspirados por ellos, además de divertirnos. Las amistades deben servir para algo, así sea para compartir los ratos de ocio en los que nos juntamos para no hacer nada, pero nos aportan alegría, serenidad y paz.

3. Es emocionante. Sí, una relación sana es aquella en la que disfrutamos encontrarnos con la otra persona. Nos genera placer sabernos acompañados por esas personas únicas y singulares. Se siente gozo y júbilo al construir con esas personas momentos que luego recordaremos y compartiremos con cariño. Una relación que siempre nos genere tensión, miedo, angustia, no es sana y no debe estar presente en nuestra vida. Alegría, paz, gozo y entendimiento son las sensaciones que nos debe generar que esa persona esté en nuestra vida. Eso implica complicidad, sabernos comprendidos, apoyados, respaldados y hasta motivados a seguir adelante.

Desde su singularidad, los otros nos aportan motivos que nadie puede darnos y que nos hacen descubrir la alegría de la complementariedad y la riqueza de la diferencia. Cantamos, reímos, bailamos, nos elogiamos, nos ayudamos y disfrutamos los encuentros con esas personas con las que vale la pena estar en contacto y compartir tantos momentos. Sin emoción, las relaciones se vuelven un lastre y un ancla. La alegría hace que estemos allí no porque algo nos obliga sino porque lo hemos decidido con la mayor libertad posible. Eso no lo podemos perder. Perderlo es comprometer nuestra felicidad. Es instalarnos en el infierno de los conflictos que no nos deja fluir ni realizarnos.

Las personas que nos suponen relaciones tóxicas e insanas tienen que irse de nuestra vida y nosotros tenemos que dejarlas ir. No podemos apegarnos a ellas. No podemos aceptar su presencia, pues nos genera dolor, tristeza, miedo, angustia, desesperación, ansiedad, y eso, si somos sanos, no lo queremos en nuestra vida. Esas personas pasan por nuestra vida, pero no deben quedarse en ella. Y cuando se van debemos ser lo suficientemente libres interiormente para asumir su decisión y seguir adelante. Es más, hay que, incluso, celebrar su partida; las celebraciones tienen un poder simbólico que nos empuja a sanar.

Los rompimientos duelen, incluso los rompimientos de este tipo de relaciones (extrañamente nos aferramos a relaciones tóxicas y, aunque sabemos que es lo mejor, dilatamos su cierre). La costumbre a estas personas y a lo tóxico que producen nos genera muchas incomodidades cuando esas personas se van de nuestra vida, pero necesitamos seguir fluyendo en ella y dejarlas ir. Tenemos que ser capaces de sobreponernos y seguir construyendo nuestros sueños.

Cuando entendemos por qué se fueron y logramos inventariar las ventajas de que se hayan ido seguro podremos superar de la mejor manera el dolor de su partida. Siempre hay razones de por qué se fueron y a menudo la responsabilidad es de ambas partes. Tener claras esas razones nos hace mucho bien porque nos ilustra la situación en la que vivíamos y el daño que nos causaba. También nos ayuda a inventariar lo que nos aporta esa pérdida; lo que ganamos al no tener esa relación.

Insisto en que esas personas tienen que irse de nuestra vida y las tenemos que dejar ir. Ser libre interiormente implica tener claro que la vida es un viaje y que tiene que hacerse con la mayor comodidad posible, sin dejarnos anclar por personas que impiden nuestro avance.

NADIE ES IMPRESCINDIBLE

Cuando digo esta frase en público o en conferencias, encuentro que a muchas personas les causa extrañeza y hasta rechazo en un primer momento. Expresiones como: "Si te vas me muero", "Sin ti no puedo vivir", "Si me dejas mi vida se acaba", son manifestaciones poéticas que nos han marcado y nos han vendido la idea de que nuestra felicidad depende de ciertas personas. Tal vez guardamos en lo más íntimo la estructura del universo y buscamos tener algún sol que sea imprescindible en nuestra existencia para girar alrededor de él.

Insisto en que la persona que más amamos y más nos ama puede morirse y no por eso nuestra vida se acabará. No podemos sepultarnos con ella, sino que tenemos que seguir dando la batalla y salir adelante. Mira tu propia historia y date cuenta de cuántas personas se han ido. Quisieras o no, has podido seguir viviendo después de eso, y aquí estás.

Hay que evitar toda relación de esclavitud, de dependencia emocional, de sometimiento. No podemos sostener la idea de que sin alguien no podemos ser felices. Solo ama verdaderamente el que entiende que nadie es imprescindible y que quien está a su lado lo está no por obligación, sino en uso de su libertad. Amar implica la libertad de poder no estar un día. Si hay una obligación de estar, eso no es amor, es cualquier otra cosa, pero no amor. Por eso hay que perderle el miedo a que las personas se vayan un día de nuestro lado.

Ahora bien, que no haya nadie imprescindible no significa que tengamos que vivir encerrados en nosotros mismos o que los otros sean un accidente en nuestra vida. Nadie es imprescindible, pero siempre debe haber alguien presente con quien relacionarnos y construir. Que nadie sea imprescindible no significa que no necesitemos la ayuda de nadie. Es evidente que nos necesitamos los unos a los otros, pero esto no nos debe llevar a la conclusión de que necesitamos a una persona en especial para podernos realizar. El eje de nuestra existencia tenemos que ser nosotros mismos, no puede ser nadie más, ya que eso implicaría estar a merced de las decisiones y acciones de los otros, lo cual nos dejaría sin la posibilidad de conducir nuestra existencia, pues el control lo tendría esa persona "imprescindible". El control de nuestra existencia tiene que estar en nosotros.

Los seres humanos somos completos, tenemos lo que necesitamos para elaborar y desarrollar nuestro proyecto de vida: las habilidades, las destrezas, la posibilidad de decidir. No hemos sido diseñados para depender de nadie. Recibimos el aporte de los otros, pero no significa que tengamos que quedarnos atrapados y enfocados en una sola persona. Contamos con lo básico para construir felizmente nuestro proyecto de vida; los otros nos aportan, pero no nos dan lo esencial. Las relaciones que se dan entre dos personas que se sienten plenas y completas como individuos son las más sanas, pues nadie está llenando el vacío del otro, y entonces es posible agregar verdadero valor.

Las expresiones poéticas del amor para manifestar la intensidad del sentimiento, la profundidad de las opciones, insisten en que sin la otra persona no se puede ser, no se puede vivir, hay que morir. Sabines, el poeta mexicano, lo decía en estas palabras:

> No es que muera de amor, muero de ti.
> Muero de ti, amor, de amor de ti,
> de urgencia mía de mi piel de ti,
> de mi alma, de ti y de mi boca,
> y del insoportable que yo soy sin ti.

Pero no se puede entender esto de manera literal. Siempre hay resurrección para ese tipo de muertes, siempre se vuelven a recuperar porque, aunque duela la partida de la otra persona, de alguna manera estaba en los planes que se siguiera adelante sin ella.

Cuando digo que nadie es imprescindible no estoy negando la importancia que los otros tienen en nuestra existencia, pero sí estoy dándole la proporción que tienen en ella. Todas las personas pasan y se van de nuestra vida. Nadie puede asegurarte que va a estar contigo eternamente, pues nadie sabe lo que ocurrirá en el futuro. Tenemos que ser conscientes de esta realidad y de la posibilidad de que el otro parta en algún momento. Tenemos que ser capaces de construir una vida que, eventualmente, sea capaz de soportar esa ausencia.

Acéptalo: la persona que más amas un día puede no estar y tendrás que seguir adelante. Puede no estar por decisión propia, por su muerte o por cualquier otra razón, y tienes que relacionarte con ella teniendo presente esto, sabiendo que eso puede pasar y que ello no acabará con tu vida. Al relacionarte con esa persona debes tener eso claro y presente. Nos cuesta entender esto porque nos han enseñado a poseer y retener a las personas, nos han hecho creer que las relaciones tienen que ser eternas para que puedan darnos felicidad. Sin embargo, la evidencia diaria demuestra que no es así. Las personas son tan libres como nosotros y un día sus decisiones las pueden distanciar de nosotros. Tenemos que aceptarlo y seguir adelante.

Si alguien decide irse tenemos que dejarlo ir, no podemos arrodillarnos, ni arrastrarnos porque se va. Tenemos que aceptar que esa es la dinámica de la vida, que seguro nos ocasionará dolor y nos generará algunas incomodidades existenciales, pero tendremos que encontrar la armonía necesaria y seguir adelante. De igual manera, nosotros podemos irnos de ciertas relaciones. Negarnos a esa posibilidad es desconocer la condición humana. Es no entender que la vida es un viaje, un constante ir y venir.

La libertad interior supone que suframos la partida de quienes se van, pero que seamos capaces de restaurar las heridas que su ausencia ocasiona. Siempre podemos reorganizar lo que su partida vuelve un caos y seguir adelante. No podemos pretender que nuestra felicidad dependa de que alguien decida quedarse a nuestro lado o no. La libertad interior implica amar en libertad, amar sin querer poseer. Saber que el sentido de nuestra vida no está en ninguna relación, no depende de la presencia de alguien. El sentido de nuestra vida tiene que estar en nosotros y en la manera como nos vamos desarrollando.

HAY RELACIONES QUE SE ACABAN, DEJA QUE SE ACABEN

La eternidad es un deseo y hasta una esperanza para quienes tenemos fe, pero no una realidad comprobada científicamente. No hay ninguna comprobación de que exista algo más allá de la muerte. Aunque desde la fe creamos que hay una vida eterna, lo que a diario evidenciamos es que las personas se mueren, dejan de existir, experimentamos su ausencia y muchas veces hasta las olvidamos. Esto significa que somos seres contingentes, finitos, mortales. Estamos en el tiempo y cada día que pasa vamos muriendo, vamos camino hacia el final. A diario nos ponemos más viejos. Pudiéramos decir que una de las características de la humanidad es que nos volvemos obsoletos, que envejecemos, que tendemos a desaparecer. Sin embargo, nos gusta creer que las relaciones son eternas. Sobre todo las relaciones de pareja.

Es paradójico: ¿Por qué, siendo nosotros seres mortales, queremos tener relaciones eternas? Esa es la pregunta que nos tenemos que hacer cuando anhelamos esas relaciones que nunca se acaban. Seguro hay algunas que duran mucho, hasta la muerte, pero en el marco de las condiciones humanas evidentes, hay que aceptar que lo más posible es que las relaciones se acaben y tengamos que seguir adelante. Sí, lo humano tiende a finalizar, a acabarse y el amor —en cualquiera de sus posibilidades— es humano. Por eso tenemos que ser conscientes de que es posible que alguien nos deje de amar, que se dé cuenta de que todo lo que había ofrecido no lo puede cumplir y que eso no significa que sea la peor persona del mundo, sino simplemente un ser humano que sinceramente dice lo que está viviendo.

Esto no debe ser fácil de aceptar para aquellos que fueron criados con la concepción de que terminar una relación es fracasar. No estoy diciendo que no cuidemos nuestras relaciones y no intentemos alimentarlas para que duren todo el tiempo posible, eso lo debemos hacer, pero también creo que debemos tener claro que lo habitual es que las relaciones terminen.

La expectativa de que las relaciones sean eternas nos impide aceptar tranquilamente el final de una relación. Cargamos nuestras rupturas con grandes dosis de dolor, sufrimiento, decepción, mentiras y otras de las peores emociones humanas.

Ahora bien, ¿cómo saber cuándo se acabó una relación? En algunos casos esa sensación de que todo está terminado es tan fuerte que se impone sin ninguna reflexión. Simplemente se siente que no hay futuro, que no se puede continuar. Ya no hay seguridad, alegría, emoción. Otras veces esa emoción no está clara, pero tenemos argumentos racionales para saber que esa relación tiene que terminar porque atenta contra nuestra salud emocional y hasta física, o porque ya no nos aporta y no nos ayuda a crecer en nuestro proyecto de vida.

Cuando es la otra persona la que no quiere estar más con nosotros, a pesar de lo que duela, debemos aceptar su decisión con dignidad, dejar que el otro tome su propio camino y hacerle frente a la nueva realidad. Si entendemos que las relaciones no son para siempre, seguro podremos aceptar, de mejor manera, que las personas con las que compartimos un día no quieran seguir. No estoy diciendo que sea fácil, pero debemos saber que no es una desgracia; al contrario, siempre es una puerta que puede abrirse a mejores situaciones y experiencias.

Hay personas que se van y las debemos dejar ir. No podemos tratar de impedirles que ejerzan su libertad, ni podemos asumir la actitud, poco digna, de mendigarles que se queden a nuestro lado cuando realmente no lo quieren. Ser libres interiormente supone ser capaces de comprender que algunos seres que amamos morirán o pueden un día querer irse de nuestro lado. Supone, también, saber que en ocasiones seremos nosotros quienes queramos terminar una relación con una persona determinada y quienes tendremos que invitarla a que se vaya.

CAPÍTULO 9

Sin espiritualidad no hay libertad

Solo puede decir "MVM" quien ha conquistado lo más sublime de su ser y ha logrado liberarlo de cualquier temor o cualquier amo.

Desde donde veo la vida, desde donde aprendí y elegí comprenderla, la libertad es fruto de una espiritualidad viva, despierta, profunda y emancipadora. Sé que algunas personas tienen otra forma de entender su camino a la libertad, otras maneras de sostenerla. Muchos consideran que no hay tal cosa como "lo espiritual", pero ese no es mi caso. Mi experiencia y buena parte de las ideas que han ido creciendo en mí gracias a conocer la filosofía, la antropología, la comunicación humana y la educación, aunadas a mi propia opción personal de fe en el cristianismo católico, me dan el piso suficiente para decir que la libertad surge de ese hilo conductor que les da sentido a todas las partes de nuestra vida, que de otro modo estarían sueltas. Ese hilo de sentido para mí es la espiritualidad.

En las páginas anteriores de este libro te he propuesto y me he propuesto superar prejuicios, condicionamientos y dependencias. En este capítulo quiero exponer que nada de eso estaría completo sin la espiritualidad. Es gracias a esta dimensión de la vida que todo lo demás es posible. Ahora bien, dado que la espiritualidad se ha convertido para muchos en un ritualismo repetitivo o en una moral coercitiva, es importante liberarla también de prejuicios para que pueda ayudarnos, justamente, a ser más libres interiormente.

En palabras del teólogo José María Castillo, la espiritualidad es "tomarse la vida en serio". Aceptar la trascendentalidad de la existencia no es creer en seres sobrenaturales que lo afectan y lo determinan todo. Dios es mucho más que un ajedrecista moviendo ángeles y arcángeles para que hagan las cosas por él. Tomarse la vida en serio implica reconocer que esa vida es mucho más que un proceso biológico al que le damos significados que pueden alegrarnos o amargarnos la existencia. Más allá de vivir la vida como si nada, los seres humanos podemos transformar nuestra existencia, hacer que sirva para algo, proponernos que nuestra vida dé frutos de toda clase e, incluso, beneficie a los otros. Entonces, tomarse la vida en serio significa, principalmente, usar la espiritualidad para dejar de vivir de forma inconsciente.

Tal vez por eso muchas religiones hablan del "despertar". En las escrituras judeocristianas, por ejemplo, encontramos muchas figuras referidas al "despertar", al no permanecer dormidos y velar. Quizá los autores sagrados estaban intentando mostrarnos que es muy fácil vivir dormidos, que desconectarnos de la realidad es una de las mayores tentaciones que podemos tener y desde ahí construir todo un mito de fantasías en el que nos instalamos sin darnos cuenta de lo que pasa a nuestro alrededor. Despertar significa estar aquí y ahora, presentes en lo que estamos viviendo, atentos a lo que nos enseña lo que hemos vivido, dispuestos a renunciar a lo que sabotea nuestra felicidad, dispuestos a construir lo que vemos para nuestro futuro.

Todos los días y en todas partes podemos ver a esos que van dormidos, que no se dan cuenta de lo que pasa a su alrededor, pero, sobre todo, no se dan cuenta de lo que pasa dentro de ellos. Esos que son capaces de tolerar inmensas dosis de soledad y vacío tratando de evadir estos sentimientos con estímulos externos y algunas veces, extremos: comprando todo lo que se pueda comprar, sumergiéndose en algún tipo de vicio, dedicando su vida al trabajo, etcétera. En ese camino he visto a muchos perderse y perder lo más valioso que tienen: personas, tiempo, aprendizajes, la vida. La comodidad de la distracción nos aleja de descubrirnos y entendernos.

No creo que la espiritualidad sea una elección, en el sentido de una doctrina que eliges y según la cual vives. Creo que es una dimensión de las personas. Los seres humanos, así como somos inteligentes, capaces de hacer, relacionarnos, somos seres espirituales que le otorgamos significado a la realidad. Y desde ese significado construimos lo que nos parece mejor. Solo somos felices en la medida en que la vida tiene sentido. Al no ser una elección sino una dimensión de toda persona, la espiritualidad es una facultad de los individuos; no podemos simplemente sustraernos de ella, siempre está ahí, y ya sabemos lo que pasa con las facultades humanas que no se usan: se atrofian.

Creo que, así como la espiritualidad es la llave con la que todas nuestras cerraduras pueden abrirse para la libertad, una atrofiada espiritualidad es la cadena con la que todas las puertas pueden sellarse. Por eso creo que una libertad real es la que es capaz de sacudirse de muchas de las cosas que se nos quieren ofrecer como espiritualidad, cuando en realidad son sutiles formas de dependencia. Estas falsas creencias, las cuales se dan también dentro de las religiones organizadas, vienen dadas algunas veces por unos personajes que se presentan como gurús, depositarios de fórmulas secretas y exclusivas para llevar una buena vida, o de supersticiones que nos llevan a dejar nuestra vida en manos del azar.

La libertad de la que hablamos no es un asunto estático, no es una conquista de una sola vez. Es una búsqueda permanente, una liberación constante con cada elección que hacemos. Al ser entonces una cuestión dinámica y viva, la espiritualidad que entiendo y vivo es aquella que no cree que ya lo ha encontrado todo, se acomoda en las formas y las posturas y se asegura de que nunca cambien. Por el contrario, una espiritualidad vida es la que se mueve con el cielo, la que contempla el presente y encuentra siempre razones distintas para agradecer, emocionarse, adorar y lanzarse a la misión.

Sea cual sea la confesión religiosa o no religiosa de una persona, tiene un deber personal, una tarea existencial de permitirse una *espiritualidad de la independencia*. Esto es, una espiritualidad en la que, sin ataduras, sin condicionamientos, sin prejuicios, pueda construirse a sí mismo de la forma más auténtica y genuina, pero también pueda afectar positivamente a los otros, acompañarlos, quererlos e inspirarles también confianza en sí mismos. En palabras del escritor y religioso Pedro Casaldáliga, "no seas tan libre, tan libre, que solo seas libre para ti mismo", pues en ese momento la vida se vuelve infecunda, estéril y finalmente vacía.

SOLO EL AMOR VENCE EL MIEDO

Como en todas las dimensiones de los seres humanos, también en la espiritualidad hay corrientes y tendencias. Si en la alimentación hablamos de vegetarianos, apivegetarianos, veganos, crudiveganos, frugivoristas, flexitarianos y demás formas de clasificación de los tipos de alimentación que eligen algunos, o en el mundo del ejercicio se habla del *fitness*, el fisioculturismo, el *powerlifting* o el halterofilismo, en la espiritualidad también hay distintas corrientes. Algunas de ellas son milenarias y organizadas como las grandes religiones, y tienen subcorrientes y caminos de espiritualidad que se diferencian unos de otros. En el catolicismo, que es la religión desde la que he vivido mi espiritualidad desde niño, están las vertientes contemplativa, carismática, asceta, misionera, mariana, etc. Son tantas, que por momentos es difícil establecer claramente los puntos de contacto entre ellas y es fácil que, pasando de un grupo a otro, algún transeúnte desprevenido resulte convencido de que todas son religiones diferentes. Sin embargo, todas estas corrientes comparten algunas prácticas, ritos y formas de creencia. Se supone que compartimos una misma idea de Dios. Se supone.

En mi recorrido espiritual he tenido que hacer muchas búsquedas. Ser presbítero implica una formación ardua, y ser formador de otros, como es mi caso, implica una mayor dedicación al estudio de la propia religión. He hecho un esfuerzo determinado para que esa religión se volviera espiritualidad, camino, crecimiento e identidad. Eso me ha dado unas convicciones sobre esa visión de Dios que se supone debería ser un punto en común. Más allá de las formulaciones redactadas, que nos son útiles al interior de la comunidad cristiana, lo que me interesa es exponer lo que considero el núcleo de mis creencias. Y no porque crea que las personas deban creer como yo —ya decía Borges que al cabo de un rato todos podemos ser opositores de nuestras propias ideas—, sino porque creo que pueden resultar útiles, pues son el resultado de un minucioso escarbar en las raíces de esta tradición.

El Dios cristiano, o para ser más preciso, la visión cristiana de Dios, es esencialmente el amor. Un amor absoluto, personal, libre e inteligente, determinado a transformar por medio del bien todo aquello que los seres humanos puedan haber convertido en caos. Esta transformación se da cuando los seres humanos acogemos el amor como principio sublime de vida y como una cultura desde la que elegimos vivir. Esta visión nos brinda una realización existencial en la fraternidad, al liberarnos de todo temor ante los otros y ante la vida misma. Bajo esta perspectiva, Dios ama siendo, dándose, porque su amor es precisamente una entrega de sí mismo. Así lo vemos, afirmamos y compartimos en Jesús de Nazaret, que para nosotros es la demostración más importante de lo que significa ser humanos y la evidencia del carácter esencial del Dios en que creemos.

Trazo este párrafo de definición de mi propia convicción para decir, de una manera más simple ahora, que solo creo en un Dios de amor que nos libera, nos hace vencer y superar el temor. Por lo tanto, no hay miedo que pueda surgir en una espiritualidad verdadera. No me vengan entonces con más cuentos de una religiosidad llamada a infundir temor en las personas, anunciando por todas partes desgracias y amenazas, e impidiendo que los humanos vivan su tiempo en este mundo con alegría, entusiasmo y sobre todo sabiéndose amados por ese amor que es Dios mismo y que no duda en entregarse sin poner ninguna condición. No me pidan que repliegue mi voz, mi conciencia o mis ideas ante la invitación que hacen muchos en el cristianismo, y dentro del catolicismo, a permanecer en un continuo miedo a la maldad. Y no a la maldad real de los egoísmos, las armas o la indiferencia, sino a esa maldad imaginaria que condena ciertas películas, ciertos tipos de música, ciertos rituales, haciendo creer que su esencia abre las puertas a las maldiciones o la desgracia.

No creo, no puedo creer en una religión de miedo, de temores, de sospechas y de fobias. Esto no permite que las personas sean libres. Por el contrario, las convierte en seres indefensos y dependientes a los que hay que darles las respuestas y las soluciones para todo —de ahí que algunos hayan convertido esa aparente seguridad en un negocio—. El Dios en el que creo no es ese, nunca ha sido y no lo será.

El Dios de la independencia

La historia del cristianismo, no lo olvidemos, está anclada a la tradición del antiguo Israel y esa historia empieza con una liberación de esclavos, con una huida hacia la libertad, con una ruptura con un pasado de opresión y esclavitud. Si eso no le imprime un carácter de liberación a toda reflexión que se haga sobre Dios, entonces es porque alguien definitivamente quiere que olvidemos esa historia. Déjame decírtelo de una manera más personal: no sé cuál sea tu visión de Dios, ni tu búsqueda espiritual, pero si de algo te sirve la mía, debo decirte que Dios, el creador de todo esto, el que de alguna manera tiene en sus manos nuestra vida, no nos hizo para depender de nada ni de nadie, ni nos hizo para pasarnos la vida pidiendo permiso para existir o para ser quien somos. Por el contrario, Dios nos da la oportunidad de afirmar nuestra libertad todos los días y, de los modos más sublimes, acercarnos cada vez más a nuestro propio ideal de lo que es ser extraordinarios.

Esto significa que creer en Dios no es afirmar o comprobar su existencia, recitar citas bíblicas descontextualizadas para que nos den la razón en nuestras discusiones con los demás, sentir tranquilidad y hasta soberbia por cumplir todos y cada uno de los preceptos de una particular organización religiosa.

Creer en Dios de verdad consiste en...
- Construir nuestra vida en torno a la libertad, impidiendo, de todas las formas que podamos, terminar presos de prejuicios, afectos, opiniones, etcétera.
- Despertar y darnos permiso de pensar, de sentir, de ser, de hacer, sin detenernos en la opinión de los otros, en sus envidias o recelos, mucho menos en el juicio que puedan lanzar desde sus propios temores.
- Conocernos en profundidad, reconocer esos dones que Él ha puesto en nosotros y que le resultaron tan geniales, que nos lanzó a la vida convencido de que podíamos ser la respuesta para lo que otros estaban pidiendo a gritos.
- Mirarnos al espejo con honestidad y entender que tenemos muchas cosas buenas, muchísimas: talentos, conocimien-

tos, sentimientos generosos hacia los otros, habilidades,
actitudes; saber que muchos se han alegrado cuando llega-
mos a su vida.

- No sentirnos poca cosa. ¡Cómo me molesta que tantos in-
sistan en que para creer en Dios hace falta sentirse miserable
y despreciarse a sí mismo!, cuando lo que encuentro yo en
el Evangelio es que Jesús era feliz haciendo sentir bien a la
gente sencilla, devolviéndoles la confianza en sí mismos, la
dignidad, apoyando sus ganas de una vida mejor, y acercán-
dose a ellos, no por lástima, sino por sus ganas de estar cerca
de personas que consideraba geniales, importantes y únicas.
Basta con mirar una página del Evangelio para notarlo.

Espiritualidad y libertad terminan siendo entonces dos rieles
de la misma carrilera. No puede una ir sin la otra. Así no todos les
llamen a sus búsquedas humanas "espiritualidad", yo entiendo que
lo son porque implican una mirada más allá de lo inmediato, de lo
aparente, porque implican un escarbar dentro de lo que se nos entrega
inmediatamente. Por eso no entiendo que mucha gente se llame a sí
misma "espiritual" y a su vez se quede con la apariencia de los demás.
No entiendo que mucha gente se enorgullezca de su religiosidad, pero
no pare de mirar a los otros por lo que hacen y no por lo que son,
por cómo se ven y no por lo que llevan dentro. No entiendo que la
misma religión invite a las personas a tener más cuidado con las cosas
externas que con lo que tienen en el corazón, cuando su gran campo
de acción es precisamente el corazón de los seres humanos.

Dios no es un accesorio para sentirnos bien, no es un pretexto
para escondernos en nuestros temores, no es una invitación a la in-
movilidad que simplemente espera que el poder divino lo resuelva
todo. El escritor y caricaturista José Luis Cortés decía sabiamente:
"Cada vez que le extiendo la mano me la suelta para que yo aprenda

a caminar solo". Dios no nos quiere dependientes, ni sometidos, ni pasivos ante la realidad. Nos quiere libres, emancipados, activos ante la posibilidad de hacer de la historia algo diferente.

VIDA Y ESPIRITUALIDAD

Es importante aclarar que independencia no significa distancia del otro, sino cercanía, proximidad, encuentro. Cuando el filósofo Karl Marx dijo que la religión es el opio del pueblo se ganó el odio de todos aquellos que prefieren un pueblo dormido a uno despierto. Pero el pueblo no es más que las personas y sus relaciones. Y las personas están llamadas a despertar, a velar, a abrir los ojos para poder ver todas las señales que a diario tenemos para sentirnos agradecidos, con esperanza, dispuestos a hacer la vida de otra manera. Estoy seguro de que muchas de las formas de espiritualidad hacen eso, le permiten a la gente liberarse, le promueven su atención sobre su propia vida, sobre su egoísmo, sobre su propia mezquindad, para poder curarse de todo eso. Y también estoy seguro de que otras tantas formas de espiritualidad no son más que maneras de adormecer a las personas mediante mitos y ritos elaborados que nos apartan de los demás, nos roban nuestro poder, nos silencian y nos invitan a permanecer en el mismo lugar. Si eso no es opio, por lo menos sí es un somnífero.

La vida, con todo su misterio, la tuya y la mía, no viene separada por tomos como las viejas enciclopedias. No podemos dedicarnos a una única cosa, a una única dimensión, sin afectar las otras. Cuando mueves algo de un lado, todo lo demás cambia, se impacta, se transforma. La vida es un entramado de relaciones, de emociones, de experiencias que nos hacen ser, que nos dan identidad. Todo está interrelacionado. Así, cuando tienes un problema con tu pareja, de alguna manera tus otras relaciones se ven afectadas por eso. Cuando tienes un problema en el trabajo, es posible que otras personas en tu vida se vean impactadas por eso. Cuando un sueño se frustra, quizá no puedas besar de la misma forma a quien amas.

Por eso me resulta complejo entender una espiritualidad que fraccione la vida y al ser humano. Esto nos quita la posibilidad de estar presentes de manera plena. Muchas de las formas en las que se manifiesta lo religioso han fragmentado los momentos, los lugares y los comportamientos espirituales de los cotidianos. Nos dicen que basta con dejar de hacer esto o hacer aquello para lograr los premios del cielo. Y no. La vida es un todo que está sucediendo a cada segundo y en donde todo lo que elegimos es fundamental para determinar lo que sigue. A continuación, expongo las tres separaciones esenciales que encuentro entre lo sagrado y lo cotidiano.

Primera separación. En muchas versiones de lo religioso se resaltan los momentos espirituales como momentos distintos, separados, apartados de la cotidianidad. Se piensa que son instancias sublimes en las que se entra en una esfera distinta, se purifica el alma, se consagra el espíritu para luego regresar a lo mundano, a lo vulgar, intentando contaminarse lo menos posible en lo que queda del día o de la semana, mientras volvemos a esos momentos y tiempos sagrados. Lo que pasa es que la vida, la gran parte de la vida, sucede mientras estamos fuera: mientras hablamos con la gente, mientras estamos en la calle, tarareamos una canción o vemos las noticias del día. No podemos pensar que como esos momentos no están bajo el manto de sacralidad de lo religioso son instancias en donde no podemos encontrar o buscar a Dios.

Segunda separación. También los lugares sagrados se han separado de los cotidianos. El catolicismo, con sus templos, el protestantismo con sus auditorios, por solo poner esos dos ejemplos, son escenarios en los que la gente no se puede comportar como en los demás lugares. En esos sitios sagrados debemos adoptar unas posturas y unos comportamientos en extremo decorosos y protocolarios que no se parecen a las formas en que nos comportamos en el resto de los lugares. Entiendo que eso sucede con buena parte de los lugares que están destinados a algo: en el estadio de fútbol no vas a hablar como lo haces en la reunión de padres de tus hijos y viceversa. Pero el problema no es de esa lógica de la prudencia, ni del sentido común, el problema es que los lugares destinados a la espiritualidad deberían ser lugares que nos ayuden a integrar la vida, no a fraccionarla.

Tercera separación. Se ha separado el comportamiento de una manera muy perversa, incomprensible y maniquea. Se nos ha hecho creer que hay cosas que automáticamente nos ubican en el escenario del pecado y otras que nos ubican en el de la virtud. Lamentablemente la mayoría de las cosas relacionadas con el sexo son las que han caído en la interpretación de lo pecaminoso, y, sin embargo, hay una serie de sutiles comportamientos egoístas que rompen con la fraternidad, pero no son señalados por la visión religiosa en absoluto. ¡Cuántas cargas sobre la vida sexual de las personas! Hay tanto foco puesto en este tema, que otras actitudes o comportamientos que hacen mucho daño pasan casi desapercibidos.

Desde mi punto de vista, los momentos, lugares y comportamientos sagrados deben ser integrados a la vida cotidiana. El desayuno con los hijos es tan sagrado como el culto. El cuarto en el que besas apasionadamente a tu pareja es tan sagrado como el templo. Saludar a tu compañero de oficina con un genuino deseo de que sea un buen día para él es tan sagrado como hacer un ayuno. Lo digo desde la concepción cristiana de la espiritualidad, desde la mirada de la comunidad de Jesús de Nazaret. No hay sino que revisar minuciosamente los comportamientos de Jesús respecto a los momentos sagrados (el sábado, por ejemplo), los lugares sagrados (sinagogas y templo, por ejemplo) o los comportamientos sagrados (lavarse las manos, no tocar nada impuro, por ejemplo).

La espiritualidad en la que creo es la que me permite encontrar a Dios en todo. No porque Dios sea el árbol, la nube o el atardecer, sino porque su huella está en cada cosa y siento su compañía en todo momento. Desde esa comprensión de la espiritualidad, entiendo que en todo momento mis palabras tienen el potencial de animar o destruir, de consolar o herir; entiendo que debo emplear mi tiempo en cosas que me acerquen al futuro que tanto pido; entiendo que mi uso y relación con el dinero debe ser saludable. No quiero ser coherente con mis principios únicamente por el temor del "tienes que ser testimonio de Dios", sino porque me sé tan querido por ese Dios, tan apreciado por Él, que valoro mi existencia y me niego a desperdiciarla en la mediocridad de una vida doble, o triple, como es la de tantos que se dejan fragmentar por causa de una espiritualidad mal entendida y mal enseñada.

Lo más triste de ese tipo de espiritualidad es que parte a las personas en pedazos y luego les pide que junten los pedazos para llevar una vida íntegra, intachable, sin equivocaciones. La pureza se ha confundido con calidad total; el testimonio, con eliminación del error. Nada más lejano de la realidad y de la propuesta de Jesús, que no se fijaba en lo que las personas hacían sino en lo que eran, y especialmente en lo que tenían la capacidad de llegar a ser. Muchas de las personas que han estado inmersas en experiencias de espiritualidad y luego han abandonado, han salido con esa frustración de haber estado sometidos a cumplir algo que era imposible de cumplir, que estaba mucho más allá de lo que podían hacer, que era sobrehumano. Algunos dirán, parafraseando la Biblia: "Es que no se trataba de tus fuerzas, sino de las de Dios; te faltó oración, no tuviste entrega", pero la realidad es que algunas interpretaciones religiosas muestran una forma de vida que no es vida, es fractura, es fragmentación. Luego, cuando esa división se hace evidente y las personas terminan haciendo cosas que están por fuera de los patrones impuestos por sus líderes, entonces las llaman al orden o las apartan. En cambio, si la espiritualidad se entendiera como ese descubrirse a sí mismo, como ese reconocer el propio valor, ese sorprenderse con lo maravillosa que es esa obra de Dios que es cada uno de nosotros, la cosa sería diferente. Cometeríamos también errores, seguramente, pero no cometeríamos ni suicidios espirituales ni reales por desesperanza.

UN RITO VERDADERO

Quiero retomar dos detalles bíblicos aquí para compartir cómo creo que se vive una espiritualidad saludable. Esto es, una espiritualidad que nos ayuda a encontrar sentido y alimento en las prácticas religiosas, pero que trasciende esas prácticas e integra la vida entera y la convierte en una acción de gracias permanente. Uno es tomado del relato en el que Jesús cura a 10 leprosos (Lucas, 17:11-19) y el otro es esa historia que contó sobre el hombre de Samaria que ayudó al que estaba malherido (Lucas, 10:25-37).

El primero nos cuenta que Jesús y los suyos iban de camino a Jerusalén, en el límite entre las regiones de Galilea y Samaria. Pasaban por un pueblo cuando salieron diez hombres enfermos de lepra que, sin acercarse completamente, desde la distancia, le gritaron que tuviera compasión de ellos. Jesús entonces les dijo que fueran a presentarse donde los sacerdotes y mientras iban hacia allá fueron quedando limpios, y uno de ellos, cuando se dio cuenta, se devolvió a donde Jesús glorificando a Dios a gritos, puso rostro en tierra y le dio gracias a Jesús.

No entraré en otros detalles interesantes del texto, solo quiero resaltar que cuando los enfermos van de camino hacia los sacerdotes, uno de ellos se da cuenta de que el verdadero sacerdote era el hombre que acababa de curarlo. Esto nos indica de qué se trata realmente lo sagrado y quién es el verdadero sacerdote. Jesús no hacía sacrificios, no quemaba animales, no hacía rituales con ostentosas vestimentas, no, su ritual consistía en tener compasión de quien estaba sufriendo. Su sacerdocio consistía en que si podía hacer algo por alguien lo hacía. Punto. Esa es la fuerza de su religión. Y es curioso que solo un "extranjero", uno que no está del todo condicionado por las estrictas normas de la devoción de aquel momento, haya sido el que entendiera qué significaba la verdadera religiosidad. No eran un ritual, un lugar sagrado, un comportamiento particular externamente adoptado, sino esa correspondencia entre la compasión y la gratitud lo que podía sanar verdaderamente.

En el segundo relato, Jesús cuenta la historia de un hombre que iba por el camino hacia Jerusalén cuando fue asaltado por bandidos que lo golpearon y lo dejaron medio muerto. Dos personajes emblemáticos de la religión pasaron a su lado, primero un sacerdote, luego un levita, y ambos siguieron derecho. Pero luego un samaritano que venía por el camino se acercó al hombre y le ayudó de todas las formas en las que pudo para que lo atendieran y se curara. Ese, decía Jesús, fue el que se hizo prójimo. De aquí extraigo que no hemos terminado de entender que el "prójimo" no es una simple descripción de cercanía —si no podríamos haber cambiado la palabra por "próximo"—. Prójimo es una actitud que se tiene hacia el otro, especialmente hacia el otro que sufre y que está pasando un mal momento.

La espiritualidad de la libertad siempre nos impulsa hacia los demás para hacerles bien. Es en ese ir hacia los otros donde mejor se puede desplegar la autenticidad, donde con mayor amplitud puede expresarse lo que somos. No hay mayor felicidad que la de hacer algo por alguien con lo mejor que eres y desde lo mejor que tienes, sin necesidad de pensar si esa persona va a poder devolverte algún día el favor o no, simplemente porque esa es tu naturaleza, porque tú eres así. No conozco mayor expresión de libertad que esa, y no hay otra espiritualidad que quisiera tener.

Ingresa a mi cuenta de Instagram (@Plinero), busca en las historias destacadas la llamada "Salmo 151", toma la primera foto como plantilla y escribe tu propia oración. Publica la imagen en tu perfil y etiqueta mi cuenta para poder leerte.

CAPÍTULO 10

La pregunta que no acaba

Solo puede decir "MVM" quien lo cuestiona todo y decide creer en lo que cree desde un pensamiento crítico.

En mis años como presbítero hubo una curiosa constante en las personas que se me acercaban. Muchas de ellas buscaban en mí, en lo que para ellos representaba mi investidura sacerdotal, una respuesta, una claridad meridiana, una solución para lo que estaban viviendo. Asumían que yo tendría la verdad absoluta sobre el camino que debían seguir. La verdad es que cuando uno tiene claros sus principios, algunas cuestiones pueden simplificarse a la hora de tomar decisiones, puedes orientar y encontrar salidas con mayor facilidad. Sin embargo, si algo he entendido en todos estos años es que la vida está llena de preguntas, no de respuestas.

Un amigo que trabaja temas de educación insiste en que la tarea de los maestros no es tanto enseñar las respuestas como desarrollar las habilidades para responder. Pues eso. La labor de los que, por alguna razón de vocación, de posición, de la credibilidad que generosamente nos otorga la gente, contamos con esa reputación de "dadores de respuestas" no debemos sustraernos a la posibilidad de generar más preguntas. Nuestras orientaciones, dadas con la humildad de quien también va caminando y preguntándose, deben servir más para caminar que para quedarse sentados en tranquilidad.

Hacer preguntas me parece fundamental en la espiritualidad. Creo que uno de los criterios de veracidad de las experiencias de Dios, de los medios de contraste con los que se puede verificar que lo que estamos viviendo en una determinada experiencia espiritual, es que nos genera preguntas, que nos hace cuestionarnos, que nos llena de inquietud. Si la experiencia en la que llevas 20 años o 3 meses te tiene en total tranquilidad porque te brinda líderes que saben lo que tienes que hacer, porque siempre encuentras las respuestas, porque nunca volviste a preguntarte nada, lo siento, azul turquesa: positivo para opio. Esa no es la fe.

No estoy diciendo que la experiencia de Dios deba generar estados de ansiedad o zozobra. Lo que pienso es que no es una experiencia que nos ahorre la necesidad de cuestionarnos y crecer. Crecemos hasta el último día de la vida, al menos si cada uno de nosotros lo permite. Esto implica pensar que la espiritualidad, la experiencia religiosa, la vida en una determinada forma de asumir un sistema de creencias, como en mi caso el catolicismo, nos lleva a cuestionarnos cosas con frecuencia, a mirar con detenimiento la vida que llevamos, a preguntarnos por la forma en que están sucediendo las cosas y por lo que significan. La espiritualidad nos da paz, precisamente porque nos intranquiliza; nos lleva a la confianza, precisamente porque nos invita a cuestionarnos. Solo desde una pregunta permanente germinan las certezas que nos acompañan en la crisis y la dificultad.

Sí, la espiritualidad nos hace estar despiertos y conscientes, o al menos ese es uno de sus principales propósitos. Entregarnos el mundo para que nos apropiemos de él, para que lo hagamos nuestro. El despierto, el que vela, el que deja de asumir como cierto todo lo que le han dicho sin jamás preguntarse por qué, ese puede apropiarse de lo que ve, de lo que oye, de lo que entiende. Lo asume y lo cuestiona para afirmarlo o negarlo, para contrastar y sospechar. Solo así se depura la vida, se purifica realmente. Se filtra entonces lo auténtico, lo verdadero, lo real.

La espiritualidad siempre aporta un "algo más", un mirar más allá de lo evidente, como ya se ha dicho. Nos permite revisar lo que hacemos, lo que decimos, lo que hacemos, lo que decidimos. Nos propone formas de conquistar victorias sobre nuestros propios defectos. Nos hace preguntarnos por qué, para qué y cómo podemos ser mejores. Nos permite vislumbrar de qué se trata todo y con qué se pueden llenar los vacíos. Es otra manera de vivir. No en vano al cristianismo, en sus orígenes, se le llamaba así: una forma de vida.

SIGO A UN HOMBRE QUE LO CUESTIONÓ TODO

A pesar de lo que se cree, Jesús no era un tipo que iba por los pueblos instaurando una nueva religión con los ritos y las doctrinas que hoy conocemos como cristianismo. De hecho, muchos estudiosos coinciden en que su interés fundamental era renovar y transformar la religión israelita de su época, que no le resultaba coherente ni suficiente para su manera de entender a Yavé, el Dios de Israel. Como señalé antes, la historia de la relación entre Israel y su Dios está fundamentada en un acontecimiento de liberación y de huida de la opresión, lo que ya señala el carácter emancipador del cristianismo. Asimismo, la manera en que entendieron los hombres y mujeres de aquella época a Dios tiene mucho que ver con nosotros y con nuestra libertad interior, pues los fieles de entonces lo veían como su liberador.

Aquellos israelitas se cuidaron mucho a la hora de trazar ideas sobre este Dios, al que estaban descubriendo y con el que querían establecer un pacto, una alianza. Si bien encontramos en la Biblia algunas historias desconcertantes, fruto de la forma de pensar y de narrar de la época, aquello no debe distraernos de tres afirmaciones fundamentales que indican la manera en que ellos percibían a Dios: Él es invisible, no tiene nombre y está en los cielos. Pensar en un Dios invisible era toda una extravagancia en aquella época, era una manera contundente de invitarnos a no confundir al creador con la creación, a encontrar allí sus huellas, pero saber que Él era más. Un Dios sin nombre no era fácil de entender, pero tampoco de manipular, pues no se le podía "invocar" para cualquier antojo. Un Dios en los cielos, en la forma antigua de entender el cosmos, implicaba que de él no se podían fabricar estatuas para llevarlas de un lado a otro. Implicaba que Dios estaba presente en todo y más allá de todo; entonces no se podía poner ni de nuestro lado ni en contra de los otros. En otras palabras, Yavé no era un Dios que existiera para la conveniencia de sus creyentes.

La espiritualidad que heredamos de ese antiguo Israel nos enseña que la vida solo vale ponerla al servicio de lo que no se marchita, de lo que ningún ser humano puede manipular a su antojo, de algo más grande que todo. No debemos convertir nada en un absoluto, no debemos rendir nuestra vida a nada que tenga los días contados. ¿Imaginas cuántas cosas habrías podido evitar si no consideraras como primordial algo que tal vez no llegaba siquiera a ser secundario, algo accesorio? ¿Cómo sería tu vida hoy si no hubieras perdido tiempo, emociones, recursos, afecto, en cosas que siempre supiste que eran pasajeras?

En ese Israel antiguo hubo profetas porque eran necesarios para entender lo que estaba pasando. Estos no eran adivinos ni mucho menos gente que hacía premoniciones. Nostradamus y Rasputín no tienen nada que ver con lo que son los profetas en Israel. Estos últimos eran analistas de la realidad, eran la conciencia crítica del pueblo. Si bien algunos de los géneros literarios que usan en sus escritos hacen referencia al futuro, ellos no estaban adivinando lo que iba a pasar, sino anunciando los posibles caminos que podrían desatarse según lo que estaba ocurriendo en el presente. Su experiencia de ese Dios invisible los hacía tener una clara conciencia de la justicia, del derecho, y desde allí se atrevían a hacer denuncias con pensamiento crítico a todo tipo de personas e instituciones, sin miramientos. Sin miedo. El profetismo entonces es puro pensamiento crítico de lo que sucede en nuestras relaciones y en nuestras instituciones. No es una invitación a la oposición, sino al reconocimiento sin velos ni fantasías de lo que está pasando. Se requiere mucha espiritualidad —de esa de la que hemos venido hablando— para tener lucidez sobre lo justo, sobre lo digno, sobre lo que es derecho. ¡Y cuánto necesitamos profetas en los días que vivimos!

¿Imaginas cómo sería el mundo si todas esas personas que hemos ido alguna vez a misa tuviéramos esa claridad en nuestras relaciones? ¿Imaginas cómo sería nuestra manera de interactuar con los demás si realmente tuviéramos esa conciencia profética de Isaías, de Jeremías, de Daniel y los demás? ¿Puedes atreverte a pensar cómo habrías tratado a los que alguna vez adulaste o incluso a los que maltrataste, si en ti habitara esa claridad de los profetas de Israel? Todos, o al menos muchos, queremos un mundo distinto, pero a veces esperamos que ese mismo mundo se arregle por la vía de las relaciones y las estructuras que nos han hecho ser así. Hay que cambiar, hay que reordenar las prioridades.

En tus relaciones con el prójimo, ya sabiendo de qué se trata ser prójimo, hay que demostrar que es posible hacer algo distinto, desde una libertad interior que no impida que nos veamos como somos, así tengamos más o tengamos menos, que no nos haga valorarnos por lo que tenemos o nos falta, sino por todo lo que somos. Eso haría que nuestros sistemas educativos, nuestros liderazgos empresariales, nuestros servicios religiosos, nuestras relaciones con la gente que interactuamos todos los días, fueran distintos.

Jesús mismo no tiene miedo de cuestionarlo todo. Él expresa un pensamiento crítico serio, y no tiene miedo de cuestionar la tradición, poniéndose muchas veces en el foco de las críticas y las amenazas, pero sabiendo que por encima de las costumbres y las tradiciones está la irrenunciable dignidad de los seres humanos y la capacidad que tienen de acogerse y de fraternizar cuando se encuentran. Jesús es capaz de poner en duda algunas de las costumbres más arraigadas respecto a esa odiosa clasificación de los seres humanos —que en su época se basaba en conceptos relacionados con la pureza, con el conocimiento de la religión o con el dinero—. También cuestiona Jesús la relación con el Estado del momento, un imperio que para instaurar la paz abusaba del poder e irrespetaba lo que para muchos era sagrado en su propia región. Un Estado que se promovía como dueño de los seres humanos y por eso ponía en las monedas la imagen del César. Jesús anunció una buena noticia para las personas sencillas, para los que estaban al otro lado de la repartición de privilegios, pero también fue un recio profeta de las injusticias, de la persecución de las personas por prejuicios morales y de la pobreza a la que muchos eran sometidos por la codicia de unos pocos. Y sí, en ese Jesús creemos, y a ese Jesús seguimos.

En mi vida como cristiano muchas veces me ha confrontado ese Jesús valiente, que cuestionaba una cotidianidad que parecía ya obvia, en la que estaba bien visto ser indiferente para no contaminarte, en la que estaba aceptado ser antipático con las personas que no pertenecían al grupo, en la que era válido matar al que se equivocaba. Para Jesús no era obvio. Él lo cuestionaba, se oponía, y su misma forma de ser amigo y de acompañar a las personas fue una manera de expresar su afecto por unos y desafiar a los otros. No sin razón fue querido por mucha gente simple y seguido por muchos que también querían una vida así. Y no sin razón tampoco, fue odiado por los que tenían en sus manos el poder político, económico y religioso, y tuvo enemigos que siempre quisieron acabar con él.

Ese Jesús me confronta porque no es tan claro para mí que todos los que llevamos una cruz en el pecho, en la muñeca o en la pared de la habitación nos portemos así con las personas que sufren o con las que han quedado de últimas en el mundo. O que tengamos la conciencia para revisar las estructuras en las que vivimos, las pequeñas formas de antipatía que hay en nuestras casas, en nuestros barrios, en nuestros edificios de trabajo, en el transporte, en el deporte, en las tan antipáticas opiniones de las redes sociales.

¿Imaginas lo que sucedería en tu mundo, ese pequeño tejido de relaciones que tienes en tus manos, si por un momento le diéramos prioridad a las cosas que fueron importantes para Jesús? ¿Cómo sería nuestra vida religiosa si lo primordial para nosotros estuviera en sintonía con lo que fue primordial para él? ¿No seríamos mucho más libres si en vez de pasar tanto tiempo preocupados y afanados por agradar a otros, nos dedicáramos a que los días de muchos fueran agradables?

Seguir a Jesús es cualquier cosa menos tranquilidad de conciencia; es un constante preguntarse si puedo hacer más, si puedo ser más para alguien. El cristianismo es entonces un campo de cultivo del pensamiento crítico, un replanteamiento constante de lo que somos y de lo que vemos a nuestro alrededor. Por eso Pablo invita a examinarlo todo. Siendo un hombre formado en doctrinas incuestionables, invita a sus comunidades a revisar minuciosamente las cosas antes de acogerlas. Una espiritualidad de sumisión no tiene nada que ver con el cristianismo, que no es rebeldía sin causa, sino una atención permanente a que las cosas sean justas, buenas, fraternas y sin desigualdades, pues todos venimos de las mismas manos extraordinarias que todo lo han hecho bien.

ESPIRITUALIDAD Y CRITERIOS PARA VIVIR

La vivencia de la trascendencia, de un saber que hay siempre la posibilidad de un más allá, no solo después de la muerte sino especialmente antes de ella, no puede consistir en delegar en las autoridades o líderes religiosos la responsabilidad de decirnos lo que debemos o no debemos hacer. Ni tampoco debería jamás un líder religioso, ningún tipo de figura que represente autoridad, arrogarse la posición de dar indicaciones sobre las decisiones de vida de los que acompaña. Eso no solo es pretencioso y peligroso, sino que implica una negación de la voluntad humana, de la capacidad que tenemos de decidir y hacer la vida conforme con esas decisiones.

En esto entonces nos encontramos con dos tipos de acompañamiento espiritual: una que reduce a los fieles a una grey infantil e inmadura a la que hay que desmenuzarle todo lo que se puede y no se puede hacer, y otra que les reconoce su capacidad de formar criterios de vida, se ubica en el papel de promover esa formación y procura acompañar seres hacia su independencia y su capacidad de autogestión. En el primer caso se crea una masa compleja de personas dependientes, incapaces de tomar postura o decisiones sin contar con la aprobación de su líder. En el segundo se crean individuos capaces de compartir la vida con otros, en fraternidad, pero sin anularse. Las dos formas de acompañamiento pueden existir en una misma corriente religiosa. Y estos acompañamientos no solo se ven en lo religioso, también están presentes en las ideas de autores e *influencers* en estos temas. Reconocerlas, nos permite ubicarnos en el contexto de nuestra propia vivencia de lo espiritual. Toda actitud en la que estemos cediendo el lugar que debe ocupar nuestra reflexión para adoptar y acoger el pensamiento de otra persona es ya una forma de esclavitud espiritual inconveniente, frágil y sin compromiso.

Los criterios de vida son una manera muy personal de ver el mundo. Son nuestra construcción mental apoyada en las cosas que hemos aprendido, en las realidades emocionales que vivimos y en las interpretaciones que le hemos dado a nuestra historia personal. Nos ayudan a entender el mundo: mi relación conmigo, con los otros seres humanos, con los otros seres vivos y con Dios. El modo de ver es muy personal, precisamente porque es fruto de la experiencia y de lo que hacemos en nuestro interior con esa experiencia, los significados que le damos y los aprendizajes que sacamos de ella. Por eso los criterios de vida no pueden ser tanto un punto de partida como un resultado, y por eso toda forma de exploración espiritual o religiosa debe tener ese componente de construcción, de descubrimiento. Si al llegar a una experiencia espiritual lo que me ofrecen es un paquete cerrado y terminado que simplemente tengo que aceptar e implementar en mi vida, es muy probable que a la vuelta de un tiempo salga corriendo de allí, probablemente desechando la búsqueda espiritual y perdiendo una oportunidad valiosa de crecer. El respeto por las tradiciones en las religiones organizadas no puede significar una negación de la propia reflexión y la propia búsqueda. Es apenas un punto de encuentro con esos otros que también están buscando y reflexionando, porque además al encontrarnos nos hacemos crecer mutuamente.

La invitación es entonces a vivir una espiritualidad que nos dé la capacidad de ver más allá, de ir más allá de lo que se nos entrega como verdad, tanto en el mundo del consumo como en el de la espiritualidad —que a veces se confunden—. Debe existir una voluntad de entender los matices y comprender esos otros modos de ver, esos otros principios de vida, sin dejar de hacernos nuestros propios criterios. **La verdadera espiritualidad nos acerca a los otros, nos permite abrir nuestra perspectiva, no para renunciar a nuestras convicciones, sino para disponernos a servir y hacer el bien desde la aceptación de la diferencia.**

En ese sentido la espiritualidad auténtica y la religión genuina son lo opuesto al fanatismo y al fundamentalismo: las primeras no absolutizan nada, nos proponen trascender e ir más allá. Nos permiten entender que, aunque podemos compartir creencias con ciertas personas, no todos tenemos que tener los mismos criterios de vida. En este escenario Dios se presenta no ya como una verdad incuestionable, sino como una forma de vida, una búsqueda honesta y transparente en la que estamos todos, cada uno a su ritmo. Esto me remite a algo

VIVE Y DÉJAME VIVIR #MVM

que se ha dicho hasta la saciedad en la teología: es mucho más lo que ignoramos sobre Dios que lo que podemos afirmar sobre Él. Esto, sin embargo, no nos impide tener una relación con Él, ni tejer un vínculo que nos ilumine en esa búsqueda que no termina hasta que la vida termina, o empiezan la plenitud y la eternidad.

RELIGIÓN Y PENSAMIENTO CRÍTICO NO SON ANTAGONISTAS

Creo que cuando usamos el término "humano" como adjetivo, estamos hablando principalmente de "compasión". Compasión en el sentido sublime que Karen Armstrong le concede al afirmar que es la actitud y la convicción que subyace a todas las grandes religiones, pero que es imposible sin una alta dosis de libertad personal y en especial de libertad interior. Creo que cuando decimos "humano" estamos diciendo ante todo "libre", pues se permite la humanidad quien ha ejercitado su capacidad de ir más allá de sus temores, quien se obliga a sí mismo a ir siempre un paso más allá y a no ceder a la tentación de pensar que ya lo sabe todo y que no tiene nada más que aprender.

Reivindico entonces la necesidad de cultivar y cosechar nuestra libertad en medio de las elecciones que hayamos hecho sobre nuestras creencias más sublimes. Soy católico e, incluso, como todos saben, pertenecí al clero católico por 25 años. No he abandonado ni tengo pensado abandonar mi creencia, pero nunca, ni siendo un laico adolescente, ni siendo presbítero, ni ahora en mi dispensa del sacerdocio he renunciado a la posibilidad de pensar mi vida, de pensar La Vida, y de ver la fe como una búsqueda no concluida en la que nadie puede asegurar que tiene una verdad exclusiva. **Se equivocan quienes piensan que la nuestra es una religión terminada en la que ya no hay nada más que decir y en la que todo tiene que concordar con lo revelado en el pasado.** En el pasado se tenían otros lenguajes, otras preocupaciones y se habitaba otro mundo. Así como la misma revelación bíblica es progresiva y en la misma escritura encontramos textos que corrigen otros o que muestran una evolución respecto a pensamientos anteriores, lo mismo debe pasar en nuestra forma de entender lo que creemos y lo que practicamos.

Por eso, libertad interior es no renunciar a una comunidad religiosa a la que hemos amado tanto simplemente porque algunos sectores intolerantes se resistan a ampliar su mirada. Esto en realidad no tiene tanto que ver con la religión como con la vida. Tal vez tú que me lees tengas una confesión religiosa particular o puede que compartamos la misma. Puede que profeses alguna que se encuentre en ciertos puntos, o que no tengas ninguna en absoluto y estés andando en tu propia búsqueda. Lo cierto es que el catolicismo como institución y también como cultura está presente en nuestro contexto, que tiene un cierto protagonismo en muchos temas. Por eso mismo estoy convencido de que ahora más que nunca la sociedad tiene la necesidad de revisar el papel que cumple el catolicismo. Sobre todo, los fieles católicos tienen la responsabilidad de promover las transformaciones necesarias para que la Iglesia sea una respuesta al mundo actual, no al del siglo XVII. Es necesario que revisemos las estructuras que tenemos, las formas en que nos reunimos, las cosas que afirmamos con tanta vehemencia, pues, por acción o reacción, la estructura actual puede cerrar las puertas de muchos corazones a la propuesta fascinante de Jesús.

Tu vida no está completada, no se te entregó terminada, tienes que hacerla, y hacer parte de una comunidad tejida desde las creencias significa también velar por que esa comunidad aporte a esa construcción de criterios para asumir la vida como es, en su proceso siempre activo. Es hora de que esa espiritualidad que vivimos en un escenario religioso tenga impacto real en nuestra vida. Y ese impacto debe surgir de que se nos promueva la libertad y no la dependencia.

No es simple ni fácil tener pensamiento crítico y apostar por una espiritualidad de la libertad en medio de la vida institucional. Los desencuentros pueden abundar por momentos. Puede haber choques con los criterios de otros, porque esos otros piensan distinto y la institución intenta uniformar, a veces para poder dar orden, a veces para poder ganar control. Pero lo cierto para mí, y creo que para muchos, es que lo homogéneo en términos de convicciones es una ilusión. Muchas personas expresan de manera muy clara su adhesión a determinada forma de espiritualidad, pero todos tienen su propia forma de comprenderla y sobre todo de asumirla y eso, no solo es natural y no solo es válido, sino que es necesario.

Se cree que en el catolicismo es imposible pensar críticamente, al menos eso es lo que he podido constatar en la lectura que muchas personas hacen de esta forma de creencia institucionalizada. Sin embargo, en mi experiencia, el cristianismo con su permanente salida hacia lo distinto, que es precisamente lo que lo hizo católico, es la causa por la que puedo tomar distancia de tantas posturas inflexibles y fundamentalistas que no le ayudan a las personas a vivir. Creo que si hay alguna religión que no debería tener problemas con que en su seno haya pensamientos divergentes es el catolicismo, porque nació como una expresión de la necesidad de relativizar lo que para muchos judíos era inamovible y abrió sus puertas a personas que no vivían ni creían ni se comportaban como se suponía que tendrían que hacerlo según los preceptos que en aquel momento prevalecían.

Por eso me encanta cuando en mi propia comunidad de creyentes, en esta Iglesia, me encuentro con personas que preguntan, que proponen, que no aceptan todo simplemente porque esté escrito, que se toman su fe en serio y construyen con conciencia sus principios de vida. También me pasó a mí. Si de pronto te preguntas por qué tengo las opciones de vida que tengo, por qué quiero mantener cierta distancia de los tradicionalismos y por qué manejo una apertura a cosas que muchos asumen como inconvenientes desde sus prejuicios, debes saber que han sido precisamente la fe en Yavé, mi encuentro con Jesús y la vida en la Iglesia lo que me ha permitido cultivar ese criterio que a algunos parece molestarles. Espero que a muchos de los que tengo la oportunidad de acompañar por medio de estas letras les suceda lo mismo que a mí. Tu creencia tiene que llevarte a la libertad, a la madurez, a la no dependencia, esa que nos permite realmente conocernos y dar lo mejor de nosotros.

LA LIBERTAD INTERIOR DE JESÚS

De las cosas que amo de Jesús de Nazaret es que sus enseñanzas no son una imposición, son una propuesta a la que se accede por fascinación, por seducción. Los auténticos amigos de Jesús no estaban a su lado por obligación, sino por una elección. Eso solo es posible porque Jesús es un hombre libre y la gente libre no acostumbra imponer cosas a los demás, ya que no se permite tampoco que le vengan con imposiciones. La libertad de Jesús es emocionante y creo que para todos nosotros puede ser una inspiración profunda, radical y emancipadora. No es un deber, es una propuesta, una oportunidad para ser libres, nosotros, también.

Puedo pensar en al menos cuatro escenarios en los que es contundente esa independencia de Jesús:

Primero. Jesús fue un hombre libre frente a su familia. Leyendo los textos, todo pareciera indicar que su familia tenía una expectativa distinta sobre él, y que en un primer momento los desilusionó. Tanto, que en uno de los pocos pasajes en los que aparecen mencionados sus familiares, están decididos a detenerlo con el argumento de que había perdido la razón. Este no es un asunto sin importancia. Todos lo hemos vivido: muchos podemos recordar el pánico que nos causaba desilusionar a nuestra familia. Es que cuando los otros tienen ya elaborado el plan de tu vida y se supone que tu única tarea es cumplirlo, no es fácil que te vean haciendo tu propio camino y, sin embargo, ese es el único camino que te pertenece, el que tú mismo haces.

No estoy haciendo una invitación a romper las estructuras familiares y dañar los vínculos. Estoy convencido, como muchos otros, de que lo que pasa en la familia es determinante para toda la vida, y que es un lugar en el que todo lo importante se siembra. Pero precisamente para que eso dé fruto, no puede ser un escenario de imitaciones, de libretos prestados sobre lo que hay que pensar y lo que hay que decir, sino que es el lugar que mejor nos prepara en la medida en que mejor nos ayuda a ser nosotros mismos.

Segundo. Jesús también fue un hombre libre frente a las instituciones religiosas de la época, que cumplían una tarea y significaban algo mucho más complejo e importante de lo que tal vez representan las instituciones religiosas hoy. La vida cultural, económica, social, política, estaba permeada por el ambiente religioso, por sus reglas, por sus procedimientos. Eso significa básicamente que Jesús, al sacudirse del pesado yugo de su institución religiosa, estaba sacudiéndose de los estándares de la sociedad a la que pertenecía, y eso no es poca cosa. Su actitud de independencia respecto a lo que se suponía que debía hacer como rabino, o como profeta, y su manera de poner a las personas por encima de cualquier regla o estándar de religiosidad, era una forma de no acomodarse a los cánones de su tiempo, de romper con lo que la sociedad entera tenía bien visto.

Hoy abundan los cristianos que viven según todas y cada una de las exigencias de la sociedad y que están convencidos de que su cristianismo se reduce a las oraciones, los ritos y a cierta decoración religiosa. En ellos no hay reto, no hay desafío, no hay reflexión sobre por qué están haciendo lo que están haciendo. Se llaman cristianos, pero son presos de las apariencias, del mercado, de las marcas, del qué dirán, y su fe no les resulta útil para nada importante. Es hora de que nos tomemos en serio nuestra forma de estar en el mundo, nuestra forma de acoger o desechar las reglas y costumbres. Es hora de que ese Evangelio ante el que nos ponemos de pie cada ocho días se convierta en una razón para ponernos de pie contra algunas tontas costumbres que nos quitan autenticidad y que hemos aceptado sin cuestionar.

Tercero. Jesús fue libre ante la traición de sus amigos. Un hombre consciente como pocos de la magnitud de la fragilidad humana, tenía que reconocer sus dudas y cuestionamientos sobre su propuesta existencial. Porque Jesús no propone cosas simples. En la práctica, el tipo de ser humano que nos invita a ser nos exige dar todo de nosotros mismos, y eso, aunque sea el auténtico camino a la realización y la única manera de construir una felicidad genuina, no es una cosa que brote espontáneamente. Estamos demasiado acostumbrados a la comodidad y a hacer solo lo que nos nace, y Jesús siempre invita a ir más allá, a salirnos de lo conocido.

Con respecto a sus amigos, Él sabía que era inevitable que en algún momento sus visiones personales se pusieran por encima de la relación de amistad, del vínculo, del plan que estaban construyendo juntos. Así pasó con Pedro, que normalmente quería hacer las cosas a su manera y darle lecciones al Señor, o con los hijos de Zebedeo, que sin entender una jota de lo que Jesús proponía, estaban interesados en que Él se tomara el poder para ellos ocupar los puestos importantes. Lo mismo con Judas, cuya decisión aceleró la terrible muerte de Jesús.

Jesús fue libre frente a la traición de estos amigos porque reconocía que uno puede hacer el bien, hacer lo correcto, y, sin embargo, encontrarse con personas que, aun queriéndote, lo entiendan todo mal, lo interpreten mal y te culpen por ello. Por eso Él no cambió sus convicciones, ni su forma de tratar a esos amigos ni su forma de ser. Se enfrentó a Judas como su amigo y lo despidió como tal. No cedió ante las provocaciones que suponían semejante situación y se mantuvo siendo él mismo. Ese ejemplo puede inspirarnos —una vez más— a tener una manera de vivir que supera lo predecible, lo típico, lo rutinario. Ser capaces de mantenernos en lo que somos ante la más dolorosa de las adversidades, como, por ejemplo, la traición de quien se ama, y mantener el afecto y el buen trato hacia esa persona es algo que todos deberíamos sentirnos impulsados a hacer. En esa forma sublime de enfrentar lo insoportable hay libertad.

Cuarto. La muerte escandalosa de Jesús es una demostración de su libertad frente al éxito. Frente a todo lo que la sociedad, y casi que la humanidad, considera que es la felicidad, el bienestar o la alegría. No se suponía que su causa terminara así. Sin embargo, la lectura que ha hecho el cristianismo de esa muerte horrenda es que, precisamente a partir de ese fracaso, de esa humillación, fue capaz de hacer la más grande demostración de entrega y de coherencia, de humanidad generosa y solidaria con todos los que sufren y los que son víctimas de la injusticia.

Desde mi vivencia de la espiritualidad, no entiendo la muerte de Jesús como un trámite pasajero en camino hacia una victoria posterior: la resurrección. Para mí, la victoria es precisamente esa total entrega a la hora de la crucifixión. Su capacidad de perdonar a quienes lo torturaban, de infundir esperanza en los moribundos que sufrían a su lado, de buscar una gota de humanidad en quienes le miraban morir y, por último, de abandonarse al amor en el que confió radicalmente. Esa es la principal victoria: ser capaz de llevar una vida de amor hasta el extremo.

Ese Jesús representa para mí una invitación a que nuestro único extremismo sea el de la entrega, el del amor desinteresado, el de darnos en lo más puro de nuestra existencia. Representa para mí una libertad tan humana que solo puedo sentirme llamado a ella. Me siento convocado por Él a no convertir ninguna cosa sin importancia en un gran asunto que me agobie. Me siento invitado por Él a vencer todas las formas de cautiverio que existen en nuestra vida y en nuestro mundo. Me siento inspirado por él a que un día pueda decir, al final de mis días, que todo lo he cumplido. Confío en que te ocurra lo mismo a ti.

A MANERA DE
CONCLUSIÓN

Los aprendizajes de la libertad interior

No me es fácil terminar un texto, ya que cada vez que vuelvo a leer lo escrito, siento que hay que reescribir algunos párrafos, que algo se puede decir de una manera más clara y directa o que faltó algo por decir. Por eso cuando pongo el último punto de un texto, prefiero no volverlo a leer. Dejo que adquiera vida propia y se transforme en las formas y maneras que quiera, en el seno de cada lector. Esto es porque, cuando lo termino, siento que ya no es mío, no solo porque ya no soy yo el que lo escribió —uno cambia todos los días—, sino porque ahora es de aquellos que lo leen e interpretan con benevolencia y con firme crítica.

Este libro ya está en tus manos y es tuyo. La aventura de escribirlo ha terminado para mí y ha comenzado un diálogo sencillo, provocador, amable entre sus páginas y tú que las lees. Espero haya cumplido su objetivo de provocar en ti una intensa reflexión sobre la actitud con la que enfrentas la vida. Más que desearte que hayas encontrado respuestas en estas páginas, espero que lo escrito te haya generado preguntas. Preguntas que te lleven a preguntarte en qué áreas de tu vida puedes ser más libre y qué puedes cambiar para lograrlo.

Al principio de mi carrera como escritor me molestaba que este tipo de libros se ubicara en la sección de autoayuda; pero después, con el tiempo, me di cuenta de que todos los libros son de autoayuda. Es más, creo que el libro que no genere preguntas, que no cuestione el proceder diario, que no cause estruendos en la mente de quien lo lee y no ilumine su cotidianidad no es un libro, sino una suma de frases. Por eso espero que este texto sí genere en ti una revisión profunda de la manera como enfrentas tu libertad, no porque aquí hayas encontrado fórmulas para seguir al pie de la letra, sino porque estas páginas te hayan permitido cuestionarte y te hayan inspirado a hacer cambios en tu vida diaria.

Por eso, para finalizar, quiero compartirte cuatro ideas fundamentales que, a mi modo de ver, resumen lo escrito en estas páginas y constituyen la esencia de lo que, considero, es la libertad interior...

1. No puedo hablar de libertad interior insistiendo en que mis puntos de vista son verdades absolutas e irrefutables. Por eso este libro, desde su intención genuina, quiere ser debatido, adaptado, cuestionado. No quise decirte qué tienes que hacer, pues eso habría sido contradictorio con mi defensa de que solo somos felices si somos libres. Mi intención es que de aquí en adelante se genere un diálogo entre tú y lo escrito, una dinámica que te permita renovarte, reinventar tus lógicas cotidianas y reconocer lo que te ayuda a ser feliz.

2. Todo ejercicio de la libertad exige comportamientos responsables. No vivimos solos en este mundo, nuestra realidad está marcada por la relación con los demás. Coexistimos, y eso significa que debemos aprender a interactuar con los otros, a respetarlos y a dejarlos ser, sin pretender imponernos. Debemos asumir las consecuencias de nuestras decisiones, entender nuestros límites y tener claros nuestros principios fundamentales de vida. Solo así podremos ser felices y ayudar a otros a que también lo sean.

3. El pensamiento crítico, la argumentación y el análisis son herramientas claves para el ejercicio de la libertad. Sin negar ni despreciar nuestra emocionalidad, debemos ser capaces de vivir desde la razón, cuestionando las ideas, las creencias y costumbres que nos han sido impuestas, comportándonos inteligentemente con el otro y llegando a nuestras propias conclusiones sobre lo que nos hace felices y es verdadero para nosotros.

4. El amor es la convicción y debe guiar todas nuestras acciones y nuestras búsquedas. Sin amor, nada ni nadie se realiza plenamente. Es el amor el que nos hace libres interiormente, el que nos permite comunicarnos de la mejor manera y expresar lo que somos con la mayor libertad.

Ahora que este libro está terminado, vuelvo a sentarme frente al mar Caribe y vuelvo a reconocerme como un ser en construcción permanente, en continua búsqueda de la felicidad. Vuelvo a contar los diferentes tonos de verde de la Sierra Nevada, a la que miro al amanecer, y lo hago con la satisfacción de haber terminado este libro en el que trabajé con mi equipo durante los últimos catorce meses. Eso me hace feliz.

Una última actividad. Entra a mi cuenta de Instagram @Plinero, busca en las historias destacadas la llamada "Solo MVM", toma la primera foto como plantilla y completa la frase: "Solo puede decir "MVM" quien _____". Publica la imagen en tu perfil y etiqueta mi cuenta.

Gracias por leerme y por comentar este texto en mis redes sociales (@Plinero). Tus comentarios me enriquecen y los recibo con alegría, capacidad crítica, humildad y disposición.

Nos hablamos...

AGRADECIMIENTOS

A ti, querido lector, te agradezco por tener este libro en tus manos y por decidir leerlo.

Agradezco a todo mi equipo de trabajo, en especial a "Beto" Vargas, quien sabe interpretarme, sabe ponerme límites y me ayuda a traducir mi ser "sentipensante" en estas letras.

Desde luego, no puedo dejar de agradecer a María Alcira Matallana Batista, que me inspira, me escucha, me mira con ojos de "así no es", me lee y luego me relee.

Hago una mención especial a Marcela Riomalo, que entiende lo que soy y me ayuda a expresarlo bien en su función de editora.

Agradezco también a todos aquellos que, aunque no lo sepan, aportan mucho a este libro.

Por último, gracias a Dios, que no me desampara, y con quien tengo una relación íntima, intensa y libre. He sentido sus caricias en mi vida desde el primer día que, al amanecer, puse mi pie en el umbral entre el mar y la playa seca para caminar y respirar el aire puro de mi mar Caribe.

Libertad interior
de la A a la Z

Anestesia: Objetos, sustancias o personas que se utilizan para evadir la realidad cuando nos faltan berraquera y poder personal.

Apatía: Enfermedad que padecen los aburridos, los desagradecidos, los incapaces de conmoverse ante las buenas cosas que tiene la vida.

Belleza: Cuando no se entiende, trampa que envilece e incita a la competencia, la crítica y el odio.

Bifurcación: Situación inevitable en la que, por mucho que procrastines, tienes que elegir un camino sobre otro.

Camuflaje: El disfraz del hipócrita, para quien todos los días son Halloween.

Carnaval: El único lugar en donde se amistan desgraciados y afortunados porque nadie sabe cuál es cuál.

Criterio: No tenerlo sale tan caro como no tener seguro médico.

Dogma: Bóveda escondida bajo tierra en la que se enmohecen la capacidad de pensar y la libertad interior de las personas.

Dominio: Quienes lo tienen sobre ellos mismos, sus emociones y sus conductas, no necesitan recurrir a artimañas para ejercerlo sobre los demás.

Elección: Lo que deberías hacer conscientemente en los momentos importantes de la vida, no solo cuando compras ropa.

Éxito: Objetivo al que nos dirigimos ciegamente hasta que descubrimos que nuestra felicidad está en otra parte.

Felicidad: Lo que a todas luces te falta cuando alardeas en tus redes sociales sobre la "vida maravillosa" que tienes.

Fracaso: El planeta al que se mudan los que dejan de intentarlo.

Gratitud: Junto con la cédula y las llaves, nunca se puede dejar en casa.

Grosería: Lo que les insulta a los abusivos cuando ya no te dejas de ellos y les plantas una en su cara.

Hábito: Eso que haces una y otra vez hasta que termina por convertirte en lo que eres.

Huir: Estrategia válida cuando el otro es terco (ver "terco/a").

Imagen: Sustancia psicoactiva de altísima adicción para personas de frágil autoestima.

Infeliz: Curioso insulto que se arrojan los infelices entre sí.

Jactarse: A lo que se dedican las personas a las que todos quisiéramos poner en *"mute"*.

Juez: El oficio más antiguo de la humanidad, el cual solo debería ejercerse sobre uno mismo.

Karaoke: Cantar como si supieras cantar; actitud que deberías tener en la vida para ser feliz.

Karma: Lo que quienes se creen muy buenos desean que se le devuelva a los demás.

Libertad: De lo que se trata este libro (ver todas las páginas de *Vive y déjame vivir*).

Líder: Cualquier persona con una actitud útil, aunque la palabra a veces se confunda y se utilice para referirse a cualquier persona con un cargo, de hecho, inútil.

Majadería: Creer que me voy a deprimir solo porque te irrita mi libertad.

Mentira: La vida de tantos y de otros muchos que admiran a esos tantos.

Negación: Estado en el que entramos los seres humanos cuando la realidad nos recuerda que es la realidad.

Nunca: Tiempo verbal donde ubicas todas las cosas que dices que no vas a hacer, pero que terminas haciendo.

Opinión: Eso que no debes dar cuando nadie te lo ha pedido. Ni siquiera en ese caso en que estás pensando ahora...

Optimismo: Seguir echándole mantequilla al pan confiando en que caerá por el otro lado.

Persuadir: Arte milenario consistente en lograr que una persona piense lo contrario de lo que pensaba hace un momento.

Problemático/a: Persona que no necesita ni vaso ni agua para armar una tormenta.

Quejarse: Arte milenario que practican los seres humanos mientras esperan en las filas de bancos y supermercados, así como también en la vida.

Quieto: Como debes quedarte cuando la gente conflictiva te invita a dar una vuelta con ellos.

Respeto: Lo que debes dar a todos; incluso a quienes no te lo piden, incluso a quienes no te lo dan.

Responsabilidad: Palabra con el índice de popularidad más bajo en todos los idiomas existentes y hasta en las lenguas muertas, aunque simplemente signifique "capacidad para responder".

Subjetividad: Lo que te da libertad para pensar lo que te dé la gana, lo que te recuerda que lo que piensas no es una verdad absoluta.

Sugerir: El avioncito imaginario con el que otros te dan a comer las cucharadas de sus órdenes e imposiciones.

Terco/a: Aquel que insiste en algo con o sin razón, con o sin motivo.

Tolerancia: Lo que debes usar cuando estás frente a un majadero (ver "majadería").

Ufanarse: Necesidad compulsiva de ponerse por encima de los otros, propia de quienes son demasiado débiles para mostrarse vulnerables.

Utopía: Palabra con la que se intentan descalificar los sueños de los valientes.

Vacilar: Actitud lícita y necesaria ante las cosas sin importancia.

Vanidad: Esfuerzo desmedido por convertirse en alguien más solo por agradar a alguien más.

W: Por lo que pierden todos esos que no están alerta en los momentos cruciales de la vida.

Wifi: Cosa invisible al que la felicidad, también invisible, mira con envidia por no ser tan buscada como la primera.

X-men (Mystique): Síndrome de los que carecen de personalidad y adoptan la de los individuos con los que andan.

Xenofobia: Ridiculez contagiosa entre primates sin evolución.

Yo: Lo único que existe en tu mundo cuando eres un egoísta insoportable.

Yoga: Práctica que puedes hacer mucho, pero que no te quitará el estrés si sigues pendiente de la opinión ajena.

Zigzag: Sendero que recorres cuando sabes hacia dónde tienes que ir, pero insistes en ir hacia otro lado.

Zozobra: Sensación permanente en personas que tienen por *hobbie* embarcarse en situaciones y relaciones tipo Titanic.